Eduard Meyer

Set-Typhon

Eine religionsgeschichtliche Studie

Eduard Meyer

Set-Typhon
Eine religionsgeschichtliche Studie

ISBN/EAN: 9783743448476

Hergestellt in Europa, USA, Kanada, Australien, Japan

Cover: Foto ©Lupo / pixelio.de

Manufactured and distributed by brebook publishing software
(www.brebook.com)

Eduard Meyer

Set-Typhon

SET-TYPHON.

EINE RELIGIONSGESCHICHTLICHE STUDIE

VON

EDUARD MEYER.

LEIPZIG,

VERLAG VON WILHELM ENGELMANN.

1875.

SEINEM

HOCHVEREHRTEN LEHRER UND FREUNDE

HERRN

PROF. DR. GEORG EBERS

ALS EIN

ZEICHEN SEINER DANKBARKEIT

DER VERFASSER.

Den ägyptischen Gott Set hat von neueren Forschern zuerst Lepsius im Anhange zu seiner Abhandlung: »Ueber den ersten ägyptischen Götterkreis und seine geschichtlich-mythologische Entstehung«[1] eingehender behandelt und die Ansicht aufgestellt, derselbe sei nicht von Anfang an eine Darstellung des bösen Princips gewesen, sondern habe diese Rolle erst in Folge der Hyksoszeit und der Niederlagen Aegyptens gegen die Fremden in der späteren Zeit des neuen Reichs erhalten. Seitdem hat man sich mehrfach eingehender mit dieser merkwürdigen Gottheit beschäftigt. An Lepsius schliesst sich an Diestels Abhandlung: »Set-Typhon, Asahel und Satan«[2], für deren ägyptischen Theil die griechischen Berichte die Hauptquelle bilden. Von Aegyptologen hat Pleyte dem Gotte zwei Schriften gewidmet: die »Religion des Pré-Israélites«,[3] in der er von dem meiner Ansicht nach gänzlich verfehlten Streben ausgeht, Set als alten hebräischen Gott zu erweisen; und seine »Lettre à Mr. Théodule Devéria sur quelques monuments relatifs au dieu Set«[4]; letztere hat er dann noch in einer kleinen Broschure: »Set dans la barque du Soleil«[5] gegen einige Angriffe des lit. Centralblattes vertheidigt. Ferner hat Herr Professor Ebers in sein Werk »Aegypten und die Bücher Mose's« einen längeren Abschnitt über den Gott Set aufgenommen.[6]

Alle diese Untersuchungen nehmen als Ausgangspunkte die historischen Denkmäler, die Geschichte des Setcultus. Von hier aus suchen sie nachzuweisen, dass in früherer Zeit eine andere Auffassung des Set bestanden habe als später, dass die orthodoxe Auffassung der religiösen Schriften und der Griechen für die ältere Zeit ungültig sei, dass Set zum bösen, verabscheuten Gott erst in Folge der Hyksosherrschaft und der Schicksale Aegyptens unter der 23sten und den folgenden Dynastien geworden sei.

Diese Betrachtungsweise halte ich indessen für unzulässig. Meiner Ueberzeugung nach muss bei jedem Gotte die Grundanschauung aus

---

[1] Abhandlungen der Berliner Akademie. Phil.-hist. Cl. 1851.

[2] Zeitschrift für die historische Theologie XXX 1860 pg. 159 ff.

[3] Utrecht 1862.

[4] Leiden 1865. [5] Leiden 1866.

[6] Bd. I Leipzig 1868 pg. 242—250.

seiner mythologischen Bedeutung gewonnen werden, zumal aber bei einem, der so vorwiegend nur eine mythologische Gestalt ist, wie Set. Da nun schon Lepsius' Aelteste Texte II 18 fg. zeigen, dass *hier* die Auffassung des Set in der alten Zeit nicht anders war als später, muss ich die jetzt gangbare Ansicht über Set verwerfen. Ich habe versucht, aus den religiösen und mythologischen Texten, namentlich aus dem von meinen Vorgängern fast gar nicht berücksichtigten Todtenbuche die richtige Grundanschauung von Set zu gewinnen und mit ihr dann das, was uns sonst von dem Gotte überliefert ist, in Einklang zu setzen oder aus ihr abzuleiten. Ich hoffe, dass es mir gelungen ist, auch hier wenigstens die Durchführbarkeit meiner Ansicht nachzuweisen.

Einer Polemik bei Einzelheiten mich zu enthalten hielt ich um so mehr für geboten, da sie bei verschiedener Grundauffassung doch nur geringe Früchte tragen würde.

Dass ich mich lediglich auf die ägyptischen Quellen beschränkt habe und die Griechen nur hier und da citire, wird man hoffentlich billigen. Die Aegyptologie ist längst so weit fortgeschritten, dass sie wie überall, so auch hier, auf eigenen Füssen stehen und aus erster statt aus zweiter Hand schöpfen kann. — Ferner habe ich mich in den Gränzen Aegyptens gehalten und bin auf Fragen wie die über das Verhältniss des שֵׁת Seth zu unserm Gotte nicht eingegangen: Fragen, bei denen sich viel streiten und wenig gewinnen lässt.

Von den altägyptischen Texten habe ich die Papyri und die Ptolemäertexte nicht vollständig ausgenutzt, dagegen das Material, welches das Todtenbuch und Abtheilung II und III von Lepsius' Denkmälern liefern, möglichst vollständig zu benutzen gestrebt. Ich hoffe, dass dies namentlich die mangelhafte Benutzung der Ptolemäertexte, die wohl oft sehr interessante Einzelheiten über Sagen und Feste, aber schwerlich viel über die *Grundzüge* des Mythus und den Charakter des Set bieten, ausgleichen wird.

Meine Transcription ist die in der Edition des Papyrus med. Ebers angewendete, die ich, ebenso wie die Benutzung der wichtigen Stellen auf pag. I und II desselben, der Güte des Herrn Professor *Ebers* verdanke, dem ich überhaupt für die vielfache Unterstützung, die er mir auch bei dieser Arbeit gewährt hat, zum grössten Danke verpflichtet bin.

Leipzig, im Februar 1875.

Inhalt.

Seite

§ 1. Name und Etymologie. Bildliche Darstellung 1
§ 2. Der Setmythus im Todtenbuche 7
§ 3. Andere Darstellungen des Setmythus 24
§ 4. Set und Horus 31
§ 5. Set als böser Dämon 40
§ 6. Der Setcultus und seine Hauptsitze 43
§ 7. Set im Göttersystem 49
§ 8. Set als Sonnengott 52
§ 9. Set als Gott der Hyksos und Kanaanäer 54
§ 10. Der Setcultus der ersten Dynastien des neuen Reichs 58
§ 11. Verfolgung des Set 61
Verzeichniss der Stellen des Todtenbuchs, an denen Set genannt wird 64

Abkürzungen.

Ae. B. M. — Ebers, Aegypten und die Bücher Mose's, Bd. I.

Aeg. Mon. — Aegyptische Monumenten van het nederl. Museum van Oudheden te Leyden ed. Leemans. III Bde. fol.

Lefébure — L., le mythe Osirien, prem. partie: les yeux d'Horus (Études égyptol. 3. livraison). Paris. 1874. Vieweg.

L. ä. T. — Lepsius, Aelteste Texte des Todtenbuchs.

L. D. — Lepsius, Denkmäler aus Aegypten und Aethiopien.

Tb. — Das Todtenbuch der alten Aegypter, ed. Lepsius.

Ztschr. — Zeitschrift für ägyptische Sprache und Alterthumskunde, herausg. von (Brugsch und) Lepsius. Leipzig.

Die Titel der Pleyteschen Schriften sind vorne angeführt.

§. 1.

Name und Etymologie. Bildliche Darstellung.

Der Name des von den Griechen als Typhon bezeichneten Gottes der Aegypter liegt uns in zwei wesentlich verschiedenen Gestalten vor, von denen die eine die Consonanten St, die andre die Consonanten Stχ enthält. Man unterschied daher früher zwischen beiden Göttern, und nahm an, St sei der , Stχ der  dargestellte Gott.[1] Indessen zahlreiche Varianten zeigen, dass zwischen  und  ebensowenig ein Unterschied ist, wie zwischen  und , den beiden Darstellungen des Gottes Ṭḥuti (Thoth), und dass St und Stχ völlig identisch sind; z. B. finden sie sich auf der leidener Setstatue nebeneinander.

Die Form Set findet sich in ihrer einfachsten Gestalt st gewöhnlich mit einem Steine determinirt , oder häufig nur  (z. B. Tb. 66,3). Hierher gehören auch die Stellen L. ä. T. 2,20. 5,17. 6,8, wo 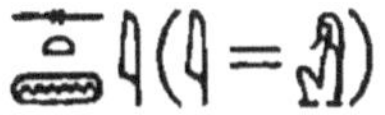 geschrieben ist, was nicht mit Lefébure p. 108 seteš gelesen werden kann, da das dann anzunehmende Eintreten von ▭ š für ○ χ in so alter Zeit unerhört ist. Auch 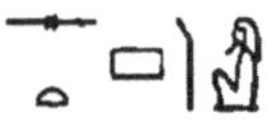, was Birch Zeitschr. 1869, p. 133 anführt, wird hierher gehören.

[1] So de Rougé und Mariette, z. B. Revue archéologique, N. S. III 1861, p. 100. V 1862, p. 303.

Wie fast alle ägyptischen Wörter, mögen sie nun als Nomina oder als Verba gebraucht werden, ein auslautendes  i oder  ī annehmen können,[1] so auch Set.  Seti findet sich z. B. auf der leidener Setstatue, und der Königsname Sethos wird immer  Séti geschrieben.

Neben set findet sich sehr häufig eine Form mit inlautendem u. Zunächst  Tb. 78, 31,  L. D. III 264 a. (=  Tb. 32, 3) sut. Meist aber wird noch ein auslautendes i geschrieben und die Form dann gewöhnlich mit der Flamme determinirt: ; doch auch  z. B. Tb. 39,10;  Tb. 80,5.

Die zweite Form stχ wird meist ,  Sutεχ geschrieben. Chabas[2] hatte früher angenommen, dass das  hier keine phonetische Geltung habe, dass auch hier nur Set oder Suti zu lesen sei. Indessen schon Ebers[3] führt dagegen an, dass sich L. ä. T. 2,19. 31,27. 28 an Stelle des  χ ein  χa findet, das unzweifelhaft phonetische Geltung hat: 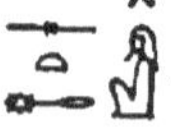. Wir haben somit Seteχ oder Suteχ zu lesen. Die Form  Seteχ ohne inlautendes u findet sich auch auf dem petersburger Sarkophag der Åtau in der Variante zu cp. 108 und 111.[4]

---

[1] Es scheint, dass im ägyptischen, wie im arabischen und assyrischen und im ursemitischen, fast jedes Wort vocalisch, auf i oder u, oder auch iu, auslautete, oder wenigstens auslauten konnte, wie namentlich die hieratischen Papyri zeigen. — Für Nichtkenner des ägyptischen bemerke ich noch, dass in demselben Wurzeln und Wörter nicht unterschieden werden, und ebensowenig die Redetheile.

[2] Zuerst in den mélanges égyptol., 2 sér., die mir leider nicht zugänglich sind, dann in le voyage d'un Égyptien p. 293 f. Später (Les pasteurs en Égypte p. 55) vertheidigt er jedoch diese Ansicht nicht mehr.

[3] Ae. B. M. 205, A. 2.

[4] Bei Golenischeff, Zeitschr. 1874, p. 84.

Endlich findet sich noch einige Male eine dritte Form, nämlich suten, als Bezeichnung unseres Gottes. So unzweifelhaft Tb. 96, 1 f., weil ihm hier eine andre Lesart den Ṭḥuti substituirt: sḥétep nà Ṭḥùti kī t́éṭ Suten „ich besänftige (stimme günstig, durch Opfer) den Ṭḥuti, v. l. Suten." Die spätere Lesart steht wie gewöhnlich voran. Sonst findet er sich noch z. B. Tb. 135, 4. Ob es in seiner appellativen Bedeutung „König" auf Set übertragen, oder eine Nebenform von Suti, oder vielleicht nur ein Schreibfehler ist, wird sich höchstens durch (mir nicht zugängliche) Varianten entscheiden lassen.[1]

Von den beiden Hauptnamensformen ist Suteχ die allein gebräuchliche in den östlichen Theilen des Delta, in Abaris und bei den Hyksos, und in Folge dessen auch von den Königen der 19. und 20. Dynastie meist gebraucht. Sonst ist Set (in den historischen Inschriften meist nur geschrieben) das Gewöhnliche; im Todtenbuch findet sich nur 54, 3, sowie merkwürdiger Weise L. ä. T. 2,19 = 31,27 und 31, 28, während an der letzterem entsprechenden Stelle 2,20 — steht. Der Turiner Papyrus hat beidemale nur .

Da beide Formen gleichalt und gleichberechtigt nebeneinander stehn, ist es wohl nicht möglich, was sonst nahe läge, Set resp. Suti für eine Verstümmeluug von Seteχ oder Suteχ zu halten. Vielmehr wird wohl letzteres eine triliteräre Erweiterung des wurzelhaften Set sein. Als Analogon führt Chabas[2] seb und sebeχt das Thor, der Pylon, an. Auf ein anderes Beispiel us und

[1] Jedenfalls ist es unzulässig, mit Reinisch (Denkm. v. Miramar 47 Anm.) Suten für eine Uebersetzung von מלך zu halten. Es gibt hierzu kein Analogon und wäre überdies ein Anachronismus.

[2] Pasteurs en Égypte, 55.

useχ „weit, breit, Breite“ — auch für useχt „Tempelhalle“ kommt ust vor (Br. lex. 274) — machte mich Prof. Ebers aufmerksam.

Was nun die Etymologie anlangt, so ist, da Set ein uralter und ächt ägyptischer Gott ist, jede semitische Etymologie zu verwerfen, wäre sie auch probabler, als die Reinisch'sche, von שָׂט Vergehen, שׂטה abweichen (besser noch wäre es Set, Sutun direct gleich שָׂטָן zu setzen), oder die de Rougésche[1], der es mit שֵׁדִים, einer Bezeichnung von Götzen, zusammenstellt. Dagegen hat neuerdings Lefébure (p. 94 ff.) eine in jeder Beziehung haltbare rein ägyptische aufgestellt, in der ich unabhängig mit ihm zusammengetroffen bin. Ausgehend von dem „polaren“ Gegensatze zwischen Horus und Set, stellt er jenen mit ḥér der Himmel, diesen mit set der Erdboden, , 'sét die Unterwelt zusammen. Er hält demnach Horus für den Himmelsgott, Set für den der Erde. Indessen möchte ich den Gegensatz etwas allgemeiner fassen. Es ist zwar richtig, was Lefébure bemerkt, dass es auffallend wäre, dass Sonne und Mond als die Augen des Horus bezeichnet werden, wenn er selbst die Sonne bedeutete. Indessen wäre es andererseits ebenso auffallend, dass er häufig direct als Sonnengott gefasst wird (z. B. Tb. 125, 36: Ḥér ắm åten f „Horus in seiner Sonnenscheibe“), dass ferner die Planeten Jupiter, Mars und Saturn als Horus be-

[1] Mon. des six prem. dyn. (mém. de l'ac. des inscr. 1866, 2 part.) p. 233 Anm. Gegen sie erklärt sich auch Chabas (voyage 344). Dagegen benutzt sie de Vogüé mél. d'archéologie orient. 77, und vergleicht eine phönikische Gemme, die er לגדשד liest, in welchem Namen er einen semitischen (! höchstens Kanáanäischen) Gott Shd finden will. Doch selbst wenn die Lesung sicher (für ד kann ר gelesen werden) und שד = Set wäre, würde nur folgen, dass Set von den Phönikern adoptirt worden sei, wie Osiris אסר.

zeichnet werden.[1] Hier hat die, wie mir scheint, passendere Auffassung schon Brugsch gegeben, der Horus durch „superus“ übersetzt.[2] ḥér selbst bezeichnet den Himmel nur als den „oberen“, „hohen“, ebenso ist ḥér das Gesicht eigentlich das oben befindliche; ḥér ist daher die gewöhnliche Präposition „auf“. Daher bezeichnet auch Horus zunächst den „oberen, hohen, himmlischen“, den Lichtgott im allgemeinen. So erklärt sich, dass Ḥorus so oft fast appellativ gebraucht wird, namentlich in der Verbindung Rā Ḥér m ắχuti Rā, der Horus an den beiden Horizonten, auch Tum[3] und (Tb. 142) selbst Osiris Rā Ḥér m ắχuti. Ebenso bezeichnet als Variante von die Lichtgötter ganz im allgemeinen, speciell die Lichtkörper, gedacht als starke schnell durch die Lüfte eilende Vögel mit leuchtenden Augen, als Sperber.

Dieser Auffassung gemäss ist wohl auch die Göttin , , Ḥatḥor, nicht sowohl οἶκος Ὥρου,[4] sondern als „hohes, oberes Haus“ zu fassen, als Himmel. Ihrem Grundzuge nach ist sie unzweifelhaft die Göttin des reinen, lichten Himmels, woraus sich ihre Bedeutung als Göttin der Freude und der Liebe leicht ableiten lässt. Als Sonnengöttin erscheint sie erst in späterer Zeit, im Tempel von Dendera, wo sie zum Rā Harmaχis ebenso steht, wie in Edfu Horus (s. u.), d. h. als die eigentlich active Sonnengottheit;[5] Mondgöttin ist sie niemals. Speciell ist sie wie Isis

---

[1] Brugsch, Lexicon 982. [2] ib.

[3] Túm Ḥér m ắχuti z. B. äg. mon. Leyd. III 17. 25; Tb. 140, 3.

[4] Plutarch de Is. 56. Vgl. Dümichen Bauurkunde von Dendera 20.

[5] So heisst es von ihr Dümichen, Resultate der pr. Exped. 17, 3: „sie fällt die Feinde ihres Vaters Rā“, ib. 5: „die Schutz gewährt ihrem Vater Rā“, 20, 11: „die kräftige, der Schutz ihres Vaters Rā“. Sie verschmilzt dann mit Paχt-Seχet-Unnut, der Uräusschlange an der Stirn des Rā (z. B. Res. 20, 5 f.).

die Sonnenmutter,[1] eine Göttin des Horizontes, wird daher als Kuh aufgefasst und trägt Hörner mit der Sonnenscheibe dazwischen auf dem Haupte (s. u.). Als Himmelsgöttin ist sie dann zugleich „das Haus des Horus“, die Gemahlin des Sonnengottes, den sie auf seiner Bahn umspannt, und der befruchtend in ihr steht (vgl. die Darstellungen der Nut mit dem das befruchtende Sonnenei rollenden Scarabäus). So heisst sie z. B. Düm. Geogr. Inschr. II 34, 4 sχ̇en Rā Gattin des Rā, ebendas. II 35, 6 b 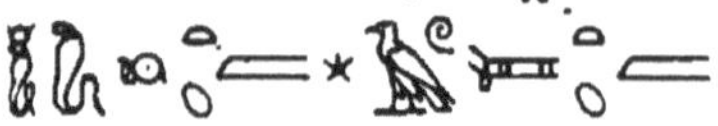
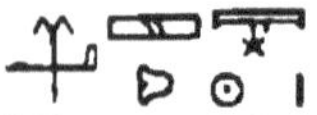 Rāt m ṭau Tumt m māšer „Gemalin des Rā am Morgen, des Tum am Abend“,[2] und im Göttersystem ist sie die Genossin des Horus.[3]

Für Set möchte ich nun die Bedeutung „der untere, niedere“ vorschlagen. Ein Zusammenhang mit set, der Erdboden, geht aus dem Determinativ des Steines für den Gott hervor, aber daraus folgt noch nicht seine Identität mit demselben. Set erscheint niemals eigentlich als Gott der Erde, noch weniger als der der Unterwelt, die als Land des Friedens und der Ruhe immer „die Gute“ heisst, auch Tb. 32, 9, wo sie das Beiwort „Vernichterin der Lebenden“ erhält. (sétet tuī néfert ḥetem ȧnχu̓). Auch hier daher, wie bei Horus, müssen wir von einem gemeinsamen Grundbegriffe ausgehn, und die Bedeutung „der untere“[4] und in Folge dessen finstere passt für den Gott, welcher die Lichtsterne bedrängt, den Göttern nach dem Leben trachtet und ihnen

---

[1] So heisst sie Dümichen Geogr. Inschr. II 34, 1 „Mutter des Rā“ II 35, 6 mès ȧten „Gebärerin der Sonnenscheibe“. Ihr Sohn ist Horus (Dendera und Edfu) und zwar der jüngere Sohn, Ȧḥī der Gott der Freude und des Jubels der ältere.

[2] Ebenso heisst sie z. B. Dümichen Resultate 17, 5 „Tochter des Rā Fürstin der Welt, Tumt , Tochter des Tum“.

[3] Ganz ähnliche Attribute wie Hathor erhält in späterer Zeit, in Philae, auch Isis, die hier mit Hathor völlig verschmilzt.

[4] Vgl. unten die Etymologie von sétet „das Fremdland“.

den Eingang in die Unterwelt wehren will, aber von ihnen bewältigt und ohnmächtig gemacht wird.

Wie die meisten ägyptischen Götter wird auch Set in Thiergestalt oder mit Thierkopf und Menschenleib dargestellt, und zwar als ein „fabelhaftes Thier von gelber Farbe, mit hohen abgestutzten Ohren, gebogener Schnauze und hoch aufgerichtetem starren Schwanze , ."[1] Pleyte[2] nimmt an, es sei eine Vermischung von Esel und Gazelle. Indessen wird sich schwerlich etwas genaueres feststellen lassen. In den Sagen verwandeln sich Set und seine Genossen in Ziegen, Schweine und Nilpferde; als letzteres (ṭep, χab) erscheint Set namentlich in der Ptolemäerzeit sehr häufig.

---

§. 2.

Der Setmythus im Todtenbuche.

Bei den meisten ägyptischen Göttern würde ihr Localcultus den besten Ausgangspunct der Untersuchung bieten. Set aber ist ein allgemein ägyptischer Gott, und seine Bedeutung ist vor allem eine mythologische. Daher gehen wir bei ihm am besten vom Todtenbuche aus; hier haben wir die Grundanschauung der Aegypter von seinem Wesen, hier die Grundzüge des Setmythus zu suchen.

Das Todtenbuch steht seinem Kerne nach den ältesten Ueberresten des ägyptischen Alterthums gleich; die Anschauungen, welche ihm zu Grunde liegen und in unzähligen

---

[1] Lepsius, Abh. d. Berl. Ak. 1851, p. 204.

[2] rel. 1861. Lettre p. 53 vermuthet er, die hervorragenden Ohren des Set seien vielmehr die beiden Federn des Adlers  néḥ, tĭ.

Variationen Kapitel für Kapitel wiederholt werden, sind weit älter als die ersten sicheren historischen Nachrichten. Schon zur Zeit der zwölften Dynastie hatte das 17. Kapitel nicht weniger als zwei Commentare erhalten, und auf dem aus der Zeit der Pyramidenerbauer stammenden Sarkophag des Ȧpȧānχu (? vielleicht Pīānχu) findet sich bereits ein „Kapitel vom nicht wieder sterben in der Unterwelt", wenn es auch in den späteren Todtenbüchern nicht so wiederkehrt. Ebendaselbst ist ein Gliedertext erhalten, der wenn auch nicht im einzelnen, so doch in der Idee mit Tb. cp. 42 übereinstimmt.[1] Das Grundthema des ganzen Todtenbuchs enthält der auch später oft wiederkehrende Text auf dem Sarkophage des Mykerinos: „Osiris König von Ober- und Unterägypten Mén qá' Rā́, ewig lebender, geboren vom Himmel, im Mutterleibe getragen von Nut, Fleisch (Erbe) des Seb, geliebt [von ihnen]! Es breitet sich aus über dich deine Mutter Nut (die Himmelsgöttin) in ihrem Namen „Geheimniss des Himmels". Sie gibt, dass du lebst (existirst) als ein Gott, vernichtend deine Feinde, König Mén qá' Rā, ewig lebender!"[2]

Natürlich kann nicht behauptet werden, dass alle Todten-

---

[1] L. D. II 98, 16 ff: „Es gibt Dir Rā seine Hand, Dein Antlitz ist im Schutze  des ..... des Tum, Deine Arme in dem des Ḥúnmét-f ..... des Šu und der Ṫéfnut, Deine Augen ..., Deine Füsse ..., Dein Kopf in dem des göttlichen Sperbers, Dein Hauch in dem des Sebek ....." Als Uebersetzung von  hat zuletzt Lieblein (Aeg. Denkm. von St. Petersburg u. s. w. p. 40 ff) „gemacht von" „ausgehend von" vorgeschlagen; doch bezeichnet es wohl nur im allgemeinen die Beziehung zwischen der Gottheit und dem betreffenden Gliede, und scheint mir zur Annahme einer Emanationstheorie keinen Anhalt zu bieten.

[2] Vgl. Birch, Ztschr. 1869, 49. — Seine Behauptung übrigens, in der älteren Zeit seien nur die Könige, nicht auch die übrigen Verstorbenen als Osiris bezeichnet, ist unhaltbar, da schon Ȧpȧānχu immer Osiris  heisst. Nur maāχru findet sich hier noch nicht.

buchtexte aus so alter Zeit stammen. Im Gegentheil, ganz abgesehn von den drei Schlusskapiteln, die nicht über die 25. Dynastie hinaufreichen, tragen sehr viele Kapitel namentlich im letzten Theile deutlich das Gepräge des späten Ursprungs. Aber ebensowenig ist es unwahrscheinlich, dass die Angabe des Todtenbuchs, Kapitel 64 [1] und 130 stammten aus der Zeit des Mykerinos und Ḥesp-ti (Usaphaïdos der ersten Dynastie), richtig sind.

Bestätigt wird diese Ansicht durch eine Betrachtung der Orte und Kulte, welche im Todtenbuch erwähnt werden. Die Städte, welche überall als Göttersitze angeführt werden und im ganzen Todtenbuche als heilige Orte erscheinen, sind: Ȧnnu (Heliopolis), Ṭeṭṭu (Mendes), Pe und Ṭep (Buto) und Seχem (Letopolis) in Unterägypten, Ḥatχensu (Herakleopolis) mit seinem Tempel[2] Ȧnȧrruṭf, Sesennu[3] (Hermopolis) und Ȧbṭu (Abydos) in Oberägypten. Letztere Stadt, der Hauptsitz des Osiriscultus, ist zugleich wohl der südlichste im Tb. häufiger genannte Ort.[4] Nun lässt es sich zwar erklären, dass Memphis nur einmal erwähnt wird, in der Ueberschrift von cp. 106, und dass sein Gott Ptaḥ in ihm keine grosse Rolle spielt,[5] da unter den ersten Dynastien die religiösen Fragen keine so grosse Bedeutung hatten und die Rivalität der einzelnen Götter noch nicht entwickelt war. Aber unbegreiflich wäre es, dass Theben, seit der zwölften Dynastie die Hauptstadt von ganz Aegypten, nie genannt wird, dass von seinen Göttern Mut nie, Chunsu nur 83,4, Mentu nur in einer

---

[1] Vgl. übrigens Lepsius, Ae. T. 18.

[2] s. Naville, Textes rel. au mythe d'Horus p. 21, pl. XXIV, Zl. 108 f. Ztschr. 1870, 126 f.

[3] Nach Brugsch, Ztschr. 1874, 145 f, vielmehr χomnu, oder richtiger χmunu (Pietschmann, Hermes Trismegistos, Nachtrag) zu lesen.

[4] Auf die cpp. 163—165, in denen z. B. das Nubische Nomos tá Kéns, ferner Ȧmén vorkommt, kann hier natürlich keine Rücksicht genommen werden.

[5] Er findet sich z. B. 11,4. 23,1. 42,7. 85. 98,4 und sonst.

Götterliste 140,6, und Åmon, der von den thebanischen Priestern so über alles gepriesene Gott, der später alle andern Götter in sich aufnimmt und an der Spitze des ganzen Pantheons steht, nur 23,1 und 17,91 genannt wird.[1] Dies erklärt sich nur, wenn wir annehmen, dass die thebanischen Priester keinen Einfluss mehr ausüben konnten auf die Entstehung des Todtenbuchs, dass damals bereits wenn auch nicht der Text, so doch der Inhalt desselben festgestellt und unabänderlich war.

Das Todtenbuch ist demnach im Laufe des vierten und dritten Jahrtausends v. Chr. entstanden in den Priestercollegien der oben genannten Städte,[2] vor allen aber wohl in Abydos, dem Hauptsitze des Osiris, und in Heliopolis, dem Hauptsitze des Tum, sowie in Hermopolis, der Stadt des Ṭḥuti. Die Verschmelzung der Localculte zu der wirren Identificirung und der wüsten Verschmelzung der Mythen, wie wir sie im Todtenbuche finden, kann natürlich erst allmählig vor sich gegangen sein, wie dies bei cp. 17 noch deutlich ersichtlich ist. Im ersten Theile desselben identificirt sich der Todte mit Tum, Rā, dem Weltschöpfer u. s. w., aber Osiris wird nicht genannt. Der Commentator dagegen fügt mehrfach hinzu, dass unter diesen Gottheiten Osiris zu verstehen sei.

Der Inhalt des Todtenbuchs ist nun der, dass der Ver-

---

[1] cp. 162, 11 findet sich „o Verborgener der Verborgenen (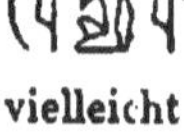  à Åmén na' Åmén), der im Himmel ist", vielleicht mit Anspielung auf Ammon.

[2] Bemerkenswerth ist, dass sich niemals Ḥér Ḥút, der „Horus von Ḥuṭ" (Apollinopolis magna) und die Ḥatḥor von Ånt (Tentyra) finden. Auch Sais wird nur selten genannt (42, 6; Neit ib. 66, 1. 114, 1 u. a.). Doch ist unter dem „Herrn des Landes von Ṭbu (), Horus dem Jüngling in der Stadt, dem Knaben auf den Feldern", wohl Horus von Apollinopolis (sonst  Ṭeb [= Edfu] geschrieben) zu verstehen.

storbene (χú) zunächst als identisch hingestellt wird mit Osiris, dem Sonnengotte, der das gleiche Schicksal erlitten hat, das auch den Menschen betrifft, und der jetzt in Ruhe und Frieden im Westen thront. Dann aber wird er auch mit den übrigen Sonnen- und Lichtgöttern identificirt, dem Rā und Tum, dem Horus, dem Shu und der Tafnut, und gelegentlich auch mit allen andern Göttern. Er führt in Folge dessen dasselbe Leben, wie diese, namentlich aber wie die Sonne. Wie dieser nachgestellt wird von den Dämonen der Finsterniss, wie die Schlangen ihren Pfad hemmen wollen, wie ihr die Dünste am Horizonte, die Genossen der Finsterniss, den Eintritt in das Land der Ruhe, den Westen, die Unterwelt hindern wollen und dies daher ein Kampfplatz ist für den Sonnengott; wie er dann unter der Erde seinen Weg nimmt, um am Morgen wieder siegreich hervorzubrechen am Horizonte,[1] so auch der Todte. Er begegnet den Gefahren, die ihm drohen, dadurch, dass er sich für identisch mit dem Gott ausgibt. Wie überall wird auch hier dem Worte die höchste Macht zugeschrieben; der Ausspruch „ich bin Rā", „ich bin Shu", „ich bin Horus" gibt dem Todten — und auch dem Zauberer auf Erden — die Macht dieser Götter, die Feinde weichen kraftlos, sie sind vernichtet und fallen. Derartige Zaubersprüche (ḥeqt') füllen daher einen grossen Theil des Todtenbuchs aus.

Natürlich sind aber die Vorstellungen vom Leben nach dem Tode bei den Aegyptern ebensowenig zu einem bestimmten System ausgebildet wie in irgend einer anderen Mythologie. In anderen Capiteln wird der Todte an den Tischen der Götter gespeist, oder er sät und erntet auf den elysäischen Gefilden Åanrê, er lebt im Reiche des Osiris; oder er kehrt wieder auf die Erde, er herrscht als König, er nimmt an, welche Gestalten er will; — und all dies ist ihm mög-

[1] So heisst es 130, 13 vom Todten: „er wird nicht zurückgehalten am Horizonte", nämlich des Ostens.

lich, wenn er die Formeln kennt, welche ihn gegen die Dämonen und Feinde schützen, welche ihn von einem neuen Tode, von der Vernichtung befreien. Denn an diese Gebilde seiner Phantasie glaubte der alte Aegypter fest, befolgte die von ihr gesetzten Vorschriften, schuf und beseitigte Gefahren, — wie dies ja bei allen Religionen, unsere eigene mit eingeschlossen, nicht anders ist.

Es werden nun eine Masse Schlangen, Krokodile und andere Ungethüme genannt, die den Todten bedrohen; es ist viel von seinen Feinden, den Bösewichtern, die Rede, die zugleich die Feinde des Rā und der andern Götter sind; ausserdem aber wird auch, bald kürzer, bald ausführlicher, auf die Mythen von diesen angespielt: entweder hat der Todte die Kämpfe und Gefahren, welche diese in alter Zeit zu bestehen hatten, auch bestanden, oder, insofern sie sich täglich wiederholen, stehn sie auch ihm noch bevor.

Die Götter, an die sich ein Mythus anknüpft, sind nun Rā, Osiris und Horus. Denn Tum, der vierte Hauptgott des Todtenbuchs, hat keinen Mythus entwickelt. Er ist überhaupt, abgesehn von dem ausserweltlichen Osiris, die höchste und reinste Auffassung der Gottheit,[1] daher er auch immer in Menschengestalt erscheint. Nur einmal, 23, 2, erscheint er im Gegensatze zu Set: béḥā ntet nt Túm ȧn Sét „gelöst (wird) das Gebundene des Tum von Set", d. h. doch wohl „gelöst werden die Bande mit denen Set den Tum gefesselt hat". Hier und wo er als Kämpfer für Rā auftritt ist, also der gewöhnliche Sonnenmythus auch auf ihn übertragen. Der Text fährt dann fort: „Er (Set) kommt gegen (r) mich, Tum wehrt

[1] Vgl. cp. 17 und z. B. Tb. 79, 1: „Ich bin Tum, der Schöpfer des Himmels, der Bildner der Wesen, der hervorgeht aus der Erde, Erzeuger der Befruchtung, Herr der Dinge, Vater der Götter, der sich selbst schafft, Herr des Lebens, Verjünger des Götterkreises." Ihn, wie bisher, lediglich als Gott der Abend- und Nachtsonne zu fassen, ist unmöglich, da er eben so häufig als Gott der aufgehenden Sonne erscheint.

ihn ab." Doch scheint die ganze Stelle nicht correct überliefert zu sein. Sonst finden sich Tum und Set neben einander noch 28,5f.

Der Gegner des Rā ist Āpep (oder gewöhnlich), die grosse Schlange, die Personification aller Uebel, welche die Sonne auf ihrer täglichen Laufbahn bekämpfen, namentlich wohl der Wolken (qerâu), die, wie das Determinativ zeigt, als typhonisch angesehn wurden. Analog, doch nicht identisch, ist der vedische Schlangendämon Vṛtra, der immer als Gewitterdämon erscheint, während das Gewitter in der ägyptischen Mythologie gar keine Rolle spielt. Āpep wird vom Rā tagtäglich (Tb. 130,16. 134,2) besiegt und vernichtet.[1] Dadurch, dass Āpep immer als Feind des Rā (χeft' Rā, im Tb. meist fälschlich mit den Pluralstrichen geschrieben) erscheint,[2] nie als der des Osiris, wird die von Ebers[3] aufgestellte Ansicht: „dass man zuerst den Osiris im Kampfe mit der uralten Schlange Āpep gedacht habe, und erst später den mit allerlei politischen Anspielungen gefärbten Set-Typhon an ihren Platz stellte" unhaltbar.

Der Gegner des Osiris wie des Horus ist Set.

Der Osirismythus liegt dem ganzen Todtenbuche zu Grunde, in sofern ja der Todte dasselbe Schicksal erleidet,

---

[1] Von ihm handeln vor allem Tb. cp. 39; ferner 7, Ueberschrift. 15, 33. 99,3. 100,3. 127,3. 130,15f. 134,2. 140,9. 144,20. 149,12.

[2] Nur 134,2f. ist eine Vermischung der Mythen eingetreten. Hier wird Rā als „Cheperà in seiner Barke" gepriesen: „er fällt den Āpep jeden Tag durch die Söhne des Seb (àn mésu' Seb), welche die Feinde des Osiris fällen. Sie sind zermalmt in der Barke des Rā, es schneidet ab Horus ihre Köpfe im Himmel als Vögel, sie eilen zur Erde als Ziegen ( ), ins Wasser als Fische. Alle Feinde vernichtet Osiris N. der Gerechte, sie fallen (ha) im Himmel, sie fallen auf der Erde, sie gehen ins Wasser, sie flüchten unter die Sterne ( ): es zerschneidet sie Ṭḥuti."

[3] Ae. B. M. 238.

wie dieser Gott, und in Folge dessen als Osiris gefasst wird. Aber einen ausführlicheren Bericht über den aus Plutarch so bekannten Mythus finden wir nicht, es wird immer nur auf ihn angespielt. Es handelt sich hier vor allem um die sogenannte Rechtfertigung, richtiger um die Anerkennung der Gerechtigkeit seiner Sache durch die grossen Götter (t́at́anut' — die Aussprache ist sehr unsicher — ắāt). So möchte ich, mich wesentlich an Devéria[1] anschliessend, den Ausdruck máā χrú auffassen. Denn in allen entscheidenden Stellen handelt es sich um eine Art von gerichtlicher Verhandlung (áp) oder wenigstens mündlicher Erklärung[2] vor den grossen Göttern, bei der Ṭḥuti den Worten des Osiris Wahrheit (Recht) gibt (s máā Ṭḥúti χrú n Ásár)[3] und in Folge dessen dieser als Wahrheitredender, máāχrú, anerkannt wird.[4] Hierbei werden nun die Gegner des Osiris meist einfach „seine Feinde" (χeftu' f) genannt, aber manchmal auch Set und seine Genossen. So 145,15: „Ich reinige mich in diesem Wasser, in dem sich Únnéfer máāχrú (Osiris) reinigte bei seiner Verhandlung (áp) mit Set, als Unnéfer zu einem máāχrù, Wahrheitredenden, gemacht wurde." Vor allem aber gehört hierher der Text, welcher in seiner kürzesten Fassung, nur mit einigen späteren Erweiterungen, in cp. 20[5] und im zweiten Theile von

---

[1] L'expression maaχerou, Recueil Vieweg, 1870.

[2] Mit dem Todtengerichte cp. 125 hat diese Scene, ursprünglich wenigstens, nichts zu thun.

[3] 145, 15 findet sich statt der Causativbildung der sehr instructive Ausdruck: rtá ntu máāχrú Únnéfer m. χ.

[4] Daher heisst es cp. 127, 4: „Dein Wort ist Wahrheit (ún χrú k máā) gegen Deine Feinde, grosser Gott in seiner Sonnenscheibe Dein Wort ist Wahrheit gegen Deine Feinde, Osiris im Westlande", und nachher (Zl. 6): „Sein (des Todten) Wort ist Wahrheit vor den grossen Göttern."

[5] Dies findet sich auch, leider verstümmelt L. a. T. 4, 60 ff. 19, 62 ff, wo beidemale, wohl des Raummangels wegen, einige Orte übergangen sind.

cp. 19, mit einem Commentar in cp. 18 vorliegt. Hier heisst es: „O Ṭḥuti, mache wahr das Wort des Osiris N. gegen seine Feinde, wie du wahr gemacht hast das Wort des Osiris gegen seine Feinde[1] vor den grossen Göttern von . . . . ." Es folgen hier die einzelnen heiligen Städte und es wird bei jeder eine mythologisch wichtige Nacht erwähnt Ich führe zuerst diejenigen Orte auf, bei denen Set nicht genannt wird:

2. vor den Göttern von Abydos in der Nacht des Festes Heker, als sich die Todten (metiʾ) erhoben und de Verstorbenen (χuʾ) beurtheilt wurden (sȧp ), als er (Osiris) sich freute über das sich Erheben der Todten".

3. von Mendes in der Nacht der Errichtung der (den Osiris symbolisch darstellenden) Stabsäule Ṭeṭ ".

5. von Letopolis in der Nacht der Opfer auf den Altären", welche erklärt wird als „der Morgen (ḥét tȧti) [nach] der Bestattung des Osiris".[2]

8. von Ȧnȧrrúṭf in der Nacht des grossen Geheimnisses der Ceremonien bei der Bestattung des Osiris", oder nach cp. 19 und 20 „in der Nacht der Geburt des Horus".[3]

9. der Sitze der Tèrti's (Zwillingsschwestern, Isis und Nephthys) in der Nacht, wo Isis dalag und die Klage anstimmte über ihren Bruder (Osiris)".

10. des Thores der Unterwelt (rè sétet, Friedhof) in jener Nacht wo Anubis seine Hände legte auf die χetʾ hinter Osiris, der dem Horus die Wahrheit gibt gegen seine Feinde".[4] Es

---

[1] cp. 19 hat „gegen Set und seine Genossen".

[2] Dieser Morgen bezeichnete den Sieg, die Gerechtigkeit der Sache des Osiris, insofern die neu aufgehende Sonne (gewöhnlich als Horus gefasst) zeigt, dass die Finsterniss (Set) ihr (als Osiris) keinen Schaden zufügen konnte. Der Kampf gegen Set fällt daher in die vorhergehende Nacht.

[3] Wörtlich „wo Horus das Geburtszimmer, die Wiege erreichte" n šép Ḥér mésχen. Letzteres spielt in der äg. Mythologie bei allen Göttern eine grosse Rolle.

[4] Die Scene wird mehrfach auch auf Horus übertragen. So 19, 2: „auf (mȧ), dich zu preisen als Wahrheitredenden, Horus, Sohn der Isis,

wird hinzugefügt: „Es war Osiris frohen Herzens (áb f nétem), und ganz Aegypten (áturtet) befriedigt (ḥétep áb f).“

Die übrigen Stellen dagegen beziehen sich direkt auf den Triumph des Osiris über seine Feinde; nämlich:

1. vor den grossen Göttern des Rā, des Osiris und von Heliopolis in der Nacht der Opfer auf den Altären, am Tage des Kampfs und der Schwächung der Bösen (sebáu'), am Tage der Vernichtung der Feinde des Herren des Universums (néb r tér).“ Der Commentar erklärt dies als „Vernichtung der Genossen des Set m  (?) ár sen“.

4. der Wege der Todten (ḥért' metti') in jener Nacht, wo sie zum Nichtsein (ánti) verurtheilt wurden“, d. h. „wo man die χet' (Nahrung?) entzog den Seelen der Söhne der Rebellion (mes' beṭeš')“.

6. des Festes der Bodenbestellung (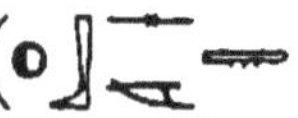 χebs tá) in Mendes in der Nacht, wo man die Erde bestellte (düngte) mit Blut, wo Osiris Recht erhielt (triumphirte, smáāχrú) über seine Feinde“. Der Commentar fügt hinzu: „Es waren gekommen die Genossen des Set, sie hatten sich in Ziegen (? ) verwandelt. Da wurden sie geschlachtet (setef) vor jenen Göttern, bis dass das Blut hervorkam aus ihnen. Sie wurden übergeben zum Urtheil (m sáp') den Bewohnern von Mendes.“

Von diesem Urtheilsspruch der Bewohner von Mendes

Sohn des Osiris, auf dem Sitze Deines Vaters. Rā fällt Deine Feinde, er übergibt Dir die Welt“; ib. Zl. 4: „alle Götter u. s. w. geben Wahrheit dem Worte des Horus vor Osiris im Westlande, und dem des Osiris N. u. s. w.“ Ferner z. B. im Horustext von Edfu ed. Naville I 3: „Anfang vom smáāχru des Horus gegen seine Feinde, als er auszog zu schlachten die Bösen, als er ging zu vernichten den Set; er wurde beurtheilt (áptu f) von den grossen Göttern des Rā. Ṭḥuti verkündet: (Es ist) ein Fest des Horus, des Herrn dieses Landes cet.“. Auch Rā heisst máāχrú gegen Āpep (39, 15).

[1] Vgl. Lefébure, p. 56.

über Set und seine Genossen ist auch 17,95 die Rede, wo es heisst, es sei ihnen gegeben sḳa bȧ' n χeft' f „die Seelen seiner (des Set; oder vielleicht auf den allerdings nicht erwähnten Osiris zu beziehn?) Feinde zu vernichten." Doch ist die ganze Stelle nichts weniger als klar.

7. „von Buto in jener Nacht, wo sich erhoben (sḥā) die Brüder des Horus,[1] und Horus zum Erben eingesetzt wurde in den Angelegenheiten (χet') seines Vaters Osiris". Erklärt wird die Erhebung der Brüder des Horus, unter denen wahrscheinlich, wie Lefébure 81 bemerkt, die vier Todtengenien zu verstehen sind, von denen Åmseϑ und Ḥápī neben Horus und Isis die grossen Götter von Pe und Ṭep (Buto) bilden, durch: ṭeṭ ȧn Sét pu n ámu' χét' f smén sén' r s „das Reden des Set zu seinen Genossen, wodurch die Brüder bestärkt wurden". Ganz klar ist die Stelle nicht; wie sich Lefébure's Annahme, es sei hier von einer Unterredung zwischen Set und seinen Gegnern die Rede, begründen lässt, sehe ich nicht.

Osiris ist eine Auffassung der Sonne,[2] und zwar wohl die primitivste. Ihr Untergang am Abend wird zunächst nicht nur als ein den Dämonen der Finsterniss Erliegen gefasst, sondern direkt als Tod. Die Sonne, welche am folgenden Tage triumphirend hervorbricht, ist eine andere, ist der Sohn der gestrigen, ist Horus. Indem man nun einerseits erkannte, dass die Sonne beidemale dieselbe sei, identificirte man Vater und Sohn mit einander, und beide mit den Sonnengöttern Rā und Tum; andererseits betrachtete man das siegreiche Hervortreten des Horus als Rache für den alten

[1] Dies steht nur cp. 18, aber weder 19 und 20 noch in L. a. T. l. c.

[2] Dass Osiris ein Sonnengott sei, hat schon Lepsius (erster Götterkreis) ausgeführt, und wird von den Texten vielfach bestätigt; so heisst es Tb. 145, 6: „ich reinige mich in diesen Wassern, in denen Osiris sich reinigte. Man gab ihm die Morgenbarke und die Abendbarke. Er tritt hervor aus der Kuh Åmúrt, er geht zu den Thoren (der elysäischen Gefilde, d. i. der Unterwelt, des Westens)". 128, 1 heisst er ûr pór m Nut „mächtig hervorschreitend aus der Nut (dem Himmelsocean)".

Gott, als Vernichtung seiner Feinde, als Triumph seiner Sache. Er lebt jetzt ungestört und in Frieden in der Unterwelt, im Westen, im Reiche der Todten. Obwohl Herr des Universums (néb r tér) ist er doch eigentlich ausserweltlich; er ist der Gott mit ruhendem, stillstehendem Herzen (úrṭ áb), und in den Texten erscheint er als den Händeln der Welt fern stehend, aber der Seele nach dem Tode Heil und Friede gewährend, als Unnofer maāχru, das gute Wesen, dessen Worte Wahrheit sind.

Als Rächer seines Vaters gegen Set ist uns Horus schon in den besprochenen Stellen entgegengetreten, und daher ist einer seiner gewöhnlichsten Beinamen nét tef-f, der Rächer seines Vaters. Auf diese Stellung des Horus wird im Todtenbuche oft angespielt, und der Todte dann mit ihm identificirt. So heisst es

9,2 = 73,1: „O Stier, gross an Stärke (šeft), gib dass ich komme ..., dass ich sehe meinen Vater Osiris, abwehre die Finsterniss von meinem Vater Osiris; [denn] ich liebe ihn. Ich komme, ich sehe meinen Vater Osiris, ich zerschneide (åspu) das Herz des Suti, ich besorge die Angelegenheiten (χet') meines Vaters Osiris. Es stehen mir offen alle Wege im Himmel und auf Erden, ich bin ein Sohn, der seinen Vater liebt (also Horus)".

28,2: „Er (der Todte) sieht den Set, er metzelt (šāt) v. l. er wendet sich um, ihn zu schlagen (ḫe)".

78,34: „Ich gelange (ha) nach Mendes, ich sehe den Osiris, ich sage ihm χet', sein ältester geliebter Sohn[1], zerschneidend das Herz (åspu m áb) des Suti".

86,3: „Ich sehe, dass Horus ist an der Spitze (χerp) der Barke (sc. des Sonnengottes), dass ihm gegeben wird der Sitz seines Vaters, dass Set sich umwendet, der Sohn der Nut".[2]

Horus erhält den Sitz seines Vaters (d. i. den Licht-

[1] Unzweifelhaft ist sè f pun áā für bá f pun áā zu lesen.

[2] oder wohl richtiger: „Set wendet um das was er gegen ihn thut", d. h. steht davon ab, kann es nicht ausführen: án Set ... m ånti ár f r f.

himmel) in Folge seines Sieges über Set und der Anerkennung desselben (smáāχrú) durch die grossen Götter. Denn wie schon bemerkt ist, wird diese Scene auch auf Horus übertragen, oder vielmehr, da Vater und Sohn identisch sind, gilt von dem einen, was von dem andern.

134,6: „Osiris N. ist [in] der Barke seines Vaters Rā; es ist nämlich Horus der Osiris N., es gebiert ihn Isis, es säugt ihn Nephthys, wie sie es thun dem Horus; er wehrt ab die Genossen des Set, sie sehen die Doppelkrone (úrer) befestigt an seiner Stirn, sie fallen auf ihr Angesicht, triumphirend (máāχrú) ist Osiris [König] Unnéfer über seine Feinde im Himmel und auf der Erde bei den Ta'ianut jedes Gottes und jeder Göttin".

Der eigentliche Horusmythus knüpft jedoch nur locker an den von Osiris an und war ursprünglich jedenfalls ganz von diesem getrennt. Die Angaben des Todtenbuchs über denselben, die vor kurzem von Lefébure ausführlich und ausgezeichnet besprochen sind, beziehen sich auf die Sonne und den Mond gefasst als die beiden Augen des Horus, die uťa-augen . Vor allem beziehen sich die Mythen auf den Mond, und zwar meistens auf die Mondfinsternisse, die am 15. jedes Monats eintreten konnten, doch auch auf die Abnahme des Mondes oder vielmehr das Fest seines Wiedererscheinens am 1. des Monats.

Ich gehe hier nur auf die Stellen ein, in denen Set vorkommt, und beginne mit 17,24ff., in älterer Fassung L. ä. T. II 18ff. XXXI 25ff.[1] Der Text lautet:

„Ich habe gefüllt das Auge des Horus, als es geschädigt war an jenem Tage des Kampfes der Reḥui (v. l. Reḥeḥui). Ich richtete auf (ordnete, ϑes) das Haar[2] (d. i. die Wimpern oder Brauen) am Uťaauge zu seiner Zeit des

---

[1] S. ausser de Rougé's Uebersetzung Brugsch Ztschr. 1868, 32ff. und Lefébure 87.

[2] Nach Lefébure. Die Lesart šén / des turiner Tb., der Brugsch folgt, ist offenbar unrichtig, auch im Commentar.

Grauens (d. i. zur Zeit seiner Verfinsterung, m tér s n nešeni 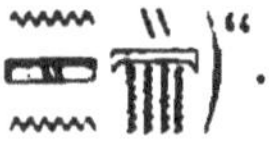)“.

Den ältesten Bestandtheil der beide Sätze begleitenden Commentare bilden offenbar ihre letzten Worte, nämlich:

„Es that dies nämlich Ṭḥuti mit seinen Fingern [er selbst]“ zum ersten, und

„Es ordnete nämlich Ṭḥuti das Haar an ihm“ zum zweiten Satze. Danach wird also der Verstorbene hier mit Ṭḥuti identificirt.

Ein anderer Commentator beschreibt dann den Hergang genauer: „Die Reḥui an jenem Tage nämlich, an dem Horus mit Set kämpfte, wobei (m) er (Set) die set (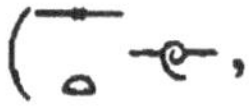, Tb.   [1])riss (uṭ) aus dem Gesichte des Horus, und Horus dem Set die Hoden ausriss (ϑe)“. — Wie schon bemerkt haben die ältesten Texte Seteχ für Set.

Zum zweiten Satze wird bemerkt:

„Es ist dies das rechte Auge des Rā bei seiner Verfinsterung (nešeni) für ihn m hab f s m áput.[2] Es ordnete Ṭḥuti die Haare an ihm, er machte es wieder gesund (án f s ánχ ùṭa sènib), nicht schädigte (beḳa) es seinen Herren“. Ein anderer bemerkt: „Es war das Auge krank, indem es weinte zu dem zweiten. Da war Ṭḥuti bei seinem Ausfluss[3] (d. i. wohl, behandelte ihn; há n Ṭḥúti ḥér peḳas s)“.

Dieser Mythus findet sich sehr häufig erwähnt, und ich stelle gleich hier einige Parallelstellen und Belege zusammen.

[1] Ich halte dies mit Brugsch Ztschr. p. 34 für einen mit dem Auge in Beziehung stehenden Gesichtstheil, nicht, wie er im Lexikon nach de Rougé annimmt, für „Schmutz, Unrath“, da mir der Sinn das erstere unbedingt zu fordern scheint und überdies uṭ eher „schädigen, verletzen, abreissen“ als „bewerfen“, wie Br. hier annimmt, bedeutet.

[2] Ob Lefébure's Uebersetzung: als er es „avait envoyé en mission“ richtig ist, ist wohl noch fraglich.

[3] Im koptischen πⲁϭⲥⲉ sputum, saliva erhalten. Brugsch's Uebersetzung „er brach (spie) es aus“ spricht uns weniger an. rem heisst sonst weinen; sollte es hier eine Augenkrankheit bezeichnen?

Als  Reḥeḥui — die Schreibung   Reḥui der ä. T. ist selten — finden sich Horus und Set häufig bezeichnet, und es muss dieses Wort die Bedeutung „Zwillinge" haben, da es sich im Femininum von Isis und Nephthys[1], sowie von den Schlangen Merti[2] gebraucht findet. Der Ort Mert im 19. oberägyptischen Nomos, ein Hauptschauplatz ihres Kampfes, heisst daher Per-Reḥuḥ , „Wohnsitz der Reḥuḥs", der feindlichen Zwillinge. Sehr gewöhnlich ist die Bezeichnung des Ṭḥuti als , áp Reḥeḥui, was ich am liebsten mit „Leiter der Verhandlungen (áput), Aufseher der Reḥeḥui" übersetzen möchte[3]. Seine Rolle wird dem Todten auch cp. 123 = 139 zugeschrieben, wo es heisst; „O Heil dir Tum [Heil dir, Cheperá]; ich bin Ṭḥuti; ich habe verhandelt mit 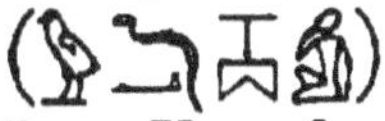 den. Reḥeḥui, ich habe vernichtet die Uebel ihres Kampfes, ich habe ihre Schmerzen (ákeb) beseitigt u. s. w."[4] In Abydos (Mariette, Abydos p. 35) sagt der König: „ich komme, ich bringe dein Auge, Horus, dein Auge dir, Horus; ich bin Ṭḥuti, indem er das uṭaauge untersucht ( áp)". Ebendaselbst, pl. XXXVII 6, heisst es von Ṭḥuti „Du beruhigst (sḥétep, stellst wieder her) den Horus in Bezug (m) auf sein Auge, den Set in Bezug auf seine Hoden".

Auf denselben Mythus bezieht sich pap. Ebers II 3: „denke ich nicht daran, wie da geführt wurden Horus und Set in die grosse Halle von Heliopolis, damit man Rath

---

[1] 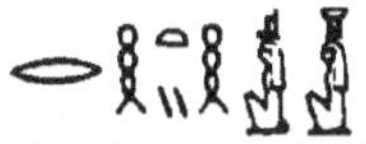 Dümichen, Geogr. Inschr. I 98, 8.

[2] Tb. 37, 1. Auf dieselben bezieht sich nach der Ueberschrift auch cp. 38.

[3] Naville, Textes rel. au mythe d'Horus p. 9: guide des Rehuh. Lefébure p. 120 übersetzt: celui qui sépare les deux Rehehiu.

[4] áp reḥeḥui wird vom Todten auch 4, 2. 147, 12 gebraucht.

pflöge (nét) über die Hoden des Set, und Horus werde dadurch gesund gleichwie er gewesen auf Erden", und ebend. I 12 „Möge mich Isis erlösen [so wie] Horus erlöst ist durch Isis von den Leiden, die ihm angethan hatte sein Bruder Set, da er seinen Vater Osiris tödtete". Wenn auch hier der Osirismythus hineingebracht ist, so ist die Stelle doch für uns von der grössten Wichtigkeit, da sie zeigt, dass Horus als Gegner des Set direkt als dessen Bruder aufgefasst wurde, und wir daher gewiss berechtigt sind, Reḥeḥui durch „Zwillinge" zu übersetzen.

Die Bedeutung des Mythus ist klar. Höchst auffallend ist nur, dass der eine Commentator behauptet, es sei von dem rechten Auge des Rā, also von der Sonne die Rede, während sonst alles auf den Mond hinweist, vor allem die Einführung des Ṭḥuti. Es handelt sich also um eine Finsterniss — dass diese durch nešeni bezeichnet wird, hat Brugsch nachgewiesen —: Set verletzt das Auge des Horus, reisst ein Stück davon ab; aber Ṭḥuti, der Mondgott, der hier als von dem leidenden Monde, dem Horusauge, verschieden gedacht wird, stellt den vollen Glanz seines Gestirns wieder her, richtet seine Haare, die Strahlen, wieder auf, besänftigt den Dämon der Finsterniss und gibt der Welt wieder Ruhe.

Auf dasselbe Ereigniss wird angespielt Tb. 60,2: „Gebt dass ich stark bin auf dem Wasser, wie stark war der Verfolger (āūaī) des Set, seines Feindes, an jenem Tage n nešen' tá, des Grauens der Erde, d. h. der (Mond-)Finsterniss".[1]

Auf das gleiche Ereigniss, doch zugleich, da von beiden Augen die Rede ist[2], auf die Sonnenfinsterniss, bezieht sich cp. 112, das Lefébure nach einem vielfach berichtigten Texte übersetzt und ausführlich behandelt hat. Hier bedroht Set in Gestalt eines schwarzen Ebers das Auge oder die Augen

[1] Hiernach ist wohl auch Tb. 62, 2 „gib dass ich stark sei auf dem Wasser wie die Arme des Set" zu verbessern, zumal da „ich beschiffe den Himmel, ich bin Shu, ich bin Rā" folgt.

[2] s. Lefébure p. 58.

des Horus, und bringt sie in grosse Gefahr. Aber die Kraft des Horus-Auges verbrennt ihn, die Gefahr wird beseitigt. Diese Sage ist auch aus Plutarch bekannt.

Auf die Kraft des Horus-Auges bezieht sich auch 90, 5 (s. Lef. p. 53), wo Isis zum Set sagt; „Sieh nicht [in] dieses Antlitz, aus dem die Flamme des Horusauges gegen dich hervorgeht, im Auge des Tum, dem gefährlichen (neken) in der Nacht seines Verzehrtwerdens (āmam-tu, d. i. der Verfinsterung)“. Ferner 149, 45: „ich bin jenes Horusauge, das zauberkräftige (űr ḥeqát'-t) beim Schneiden (ṭes)“, worauf die offenbar corrupten Worte pér m Sét m reṭui à nà ṭet folgen.

Ferner ist hier die Stelle Tb. 109, 4 zu berücksichtigen: „Gelegt ist dem Suti seine Granitkette auf seinen Nacken, er muss ausspeien alles was er verschlungen hat“,[1] eine Stelle, die sich wohl auf die Verschlingung des uṭaauges durch Set beziehen wird.[2] Hierzu stimmt Plut. de Is. et Os. 55: λέγουσιν ὅτι τοῦ Ὥρου νῦν μὲν ἐπάταξε, νῦν δ' ἐξελὼν κατέπιεν ὁ Τύφων τὸν ὀφθαλμόν, εἶτα τῷ ἡλίῳ πάλιν ἀπέδωκε.

Ein anderer Mythus, nach dem Horus seine Augen oder seine Arme im Wasser verliert und Sebak sie wieder herausfischt, wird in sehr unklarer Weise Tb. 113 berichtet, und ist gleichfalls von Lefébure ausführlich besprochen. Set findet sich hier nur am Schlusse Zl. 8: „Horus spricht: sie (Ṭáu mét f und Qébḥ sén' f) seien mit dir, und sind mit mir zu hören den Set anflehend (neχi) die Geister von Néχen“. Lefébure meint (p. 81), dies bezeichne „la soumission du mauvais principe“, ob indessen mit Recht, scheint mir zweifelhaft, zumal da die angezogene Stelle 18, 27 mir nichts zu beweisen scheint.

Auf den Kampf des Horus und Set bezieht sich schliesslich noch 78, 41:

„Es stösst Horus seine Hörner in den Suti“; Horus ist hier, wie so häufig, als „kräftiger Stier“ gefasst.

---

[1] Nach Brugsch Lexicon 624.

[2] Vgl. Lefébure p. 51.

Schliesslich füge ich hier an 145,39:

„Ich reinige mich in jenem Wasser, in dem sich Åsṭes reinigte, als er eintrat (āq) zu berathen (? ) den Set im Innern der verborgenen Halle".

Zur Erklärung weiss ich nur anzuführen, dass der einige Male im Todtenbuche vorkommende Gott Åsṭas vielleicht derselbe ist wie Åsṭen, d. i. Ṭeḥuti.

---

§. 3.

Andere Darstellungen des Setmythus.

Die einfachen und durchsichtigen Angaben des Todtenbuchs über die Mythen von Set lassen, so scheint mir, keinen Zweifel mehr übrig über seine Grundbedeutung: die finstere, vernichtende Macht, welche den Lichtgöttern Verderben und Tod droht, und mit der sie fortwährend zu kämpfen haben.

Diese Anschauung wird durch die übrigen Berichte über den Mythus nur bestätigt. In diesen ist derselbe weiter ausgeschmückt und mit Zusätzen erweitert, die nicht auf eine ursprüngliche mythologische Anschauung zurückzuführen sind: das Todtenbuch verhält sich zu diesen Berichten wie die Veden zu den Purâṇas oder den homerischen Gedichten. Ich gebe hier kurz die zwei wichtigsten Relationen, die Sage vom Ḥorḥuṭ von Edfu,[1] und die Angaben des papyrus Sallier IV[2].

In dem aus der Ptolemäerzeit stammenden Berichte des Tempels von Apollinopolis wird uns die Sage in der festen

---

[1] ed. Naville, Textes relatifs au mythe d'Horus; der Hauptheil pl. XII—XVIII übersetzt von Brugsch: Die Sage von der geflügelten Sonnenscheibe. Abh. der Göttinger Ges. d. W. XIV 1869.

[2] Edirt in den Select papyri from the collections of the British Museum, part III 1844. Uebersetzt von Chabas: Le calendrier des jours fastes et néfastes de l'année égyptienne 1868.

Form eines historischen Berichtes überliefert. Die einzelnen Götter haben die vage Gestalt, in der sie uns früher entgegentraten, verloren, die Widersprüche sind möglichst beseitigt, und eine Masse von Localsagen und vor allem localen Riten wird angeknüpft und in euhemeristischer Weise durch Handlungen und Aussprüche der Götter erklärt.

Wir finden hier den Horus in drei verschiedenen, streng von einander geschiedenen Gestalten: als Rā Ḥor m āχuti, Rā den Horussperber an den beiden Horizonten (des Auf- und Untergangs); als Ḥorḥuṭ die geflügelte Sonnenscheibe, den Localgott von Edfu; und als Horus den Sohn der Isis und des Osiris.[1] Rā Harmaχis ist der Herrscher der Welt, der bestimmt, was geschehen soll, aber nicht handelt, ein getreues Abbild der ägyptischen Pharaonen; Ḥorḥuṭ dagegen sein Sohn, der durchweg thätige, der Besieger der Feinde und Vollführer der Befehle seines Vaters Rā. Der Sohn des Osiris dagegen gehörte ursprünglich gar nicht in den Mythenkreis von Apollinopolis, sondern wurde erst später eingefügt, als der Osirismythus sich über ganz Aegypten verbreitete. Daher wird Osiris in der ersten Sage immer nur beiläufig erwähnt — z. B. I, 4. IX 2, und tritt in der zweiten erst auf, als die Barke des Rā an die Orte gekommen ist, welche einen Localcultus des Osiris hatten. Viel enger ist dagegen Isis, die göttliche Mutter, mit Horus verbunden; sie erscheint daher auch in der ersten Sage überall als Mutter und Begleiterin des Ḥorḥuṭ.

In der ersten weniger wichtigen Sage nun (pl. I—XI) besiegt, fesselt und zerstückelt Horus den Set in Gestalt eines Nilpferdes. In der zweiten (pl. XII—XXI) wird der von Ḥorḥuṭ ausgeführte Kampf des Rā gegen seine Feinde beschrieben. Ḥorḥuṭ besiegt sie zuerst auf dem Gebiete von Apollinopolis am Himmel in Gestalt der geflügelten Sonnenscheibe. Sie stürzen sich ins Wasser und verwandeln sich in

[1] Ausserdem erscheint IX 2 unter verschiedenen Localgöttern noch ein Ḥér űr χént Seχém, Horus der ältere von Seχem.

Krokodile und Nilpferde (XIII 7, vgl. Tb. 134, 2). Horus auf der Barke des Rā verfolgt sie immer weiter bis sie sich in den See des Nomos Mért zu den Genossen des Set flüchten, welche hier ihren Wohnsitz haben (XV 1). Ḥorḥuṭ aber besiegt sie auch hier bei dem Orte per-Reḥuḥ. Da (XV 5) „trat Set hervor mit grässlichen Worten". Ḥorḥuṭ greift ihn an, schleudert ihn nieder auf den Boden der Stadt — sie erhält daher ihren Namen „Wohnsitz der Zwillinge" — und bringt ihn gefangen vor Rā. Hier wird dann zum ersten Male der Sohn des Osiris eingeführt. Rā sagt zu Ṭḥuti (Zl. 9): „Man gebe die Genossen des Set der Isis und ihrem Sohne Horus, dass sie mit ihnen thun was ihnen gefällt; denn sie und ihr Sohn waren standhaft, ihr Speer war auf ihn gerichtet bei den Schrecknissen (nešen) dieses Ortes". Und nachher (XVI 1) wird berichtet, dass Ḥorḥuṭ und Horus der Sohn der Isis den Feind niedermachten, beide in Gestalt eines Mannes mit Sperberkopf, die Doppelkrone auf dem Haupt. Set verkriecht sich dann in die Erde als brüllende Schlange (XII 3); Horus der Isis Sohn stellt sich auf ihn in Gestalt einer Stange mit Sperberkopf (), so dass er nicht wieder hervorkommen kann. — Die Barke des Rā begibt sich darauf nach Xenensu und Ânárruṭf, wo Isis den Osiris, der dort eine der bedeutendsten Cultusstätten hatte, beschützt, und Ḥorḥuṭ seine Feinde schlägt. Dann werden dieselben in Unterägypten bis nach T'al verfolgt, die Barke begibt sich aufs Meer, dem aber Rā nicht recht traut, und schliesslich kehren die Götter siegreich nach Edfu zurück. —

Im Sallierkalender, der aus der Ramessidenzeit stammt und uns den Volksaberglauben und die unter dem Volke jener Zeit geläufigen Mythen in kurzen Notizen kennen lehrt, ist von dem Kampf, den grausigen Thaten, der Besiegung des Set mehrfach ohne weitere Ausführung die Rede.[1] In-

---

[1] 25. Thoth. 12. Paophi. 16. Mechir. 29. Mechir. 25. Phamenot. 2. Pharmuti. 17. Pharmuti.

teressanter ist die Legende vom 18. Choiack (X 9): „Die Götter mit Ṭḥuti schlagen den Feind Set, von vorne und von hinten in seinem Adyton (seχem). Es fand statt ein ..... Gemetzel“. Wie hier als Gegner des Mondgottes Ṭḥuti, so erscheint er am 3. Mechir (XII 2) als Befehder des Shu, der, obwohl gewöhnlich als Gott der Luft erscheinend, doch, wie sein Name „der heisse, dörrende“, seine Auffassung als Löwe und Bruder der Tafnut, der hier von ihm gebrauchte Ausdruck sqéṭnī „kreisen, fahren, schiffen“ und Texte in Bibân el Moluk beweisen, auch als Sonnengott aufgefasst sein muss. So findet er sich denn auch im pap. d'Orbiney direkt an Stelle des Rā als „Sonne“; V 7 heisst es: „es ging Shu unter“, und XIV 6 „wenn Shu aufgeht“. — Am 21. Mechir (XVII 3) findet sich die merkwürdige Legende: „An diesem Tage sieht man Sebák, den krokodilsköpfigen Gott, geschlagen (smamu) an der Spitze der grossen Barke (m ḥát n uát āá)“. Vgl. hierzu XXI 2 (1. Pharmuti): „Es fallen die Feinde des Sebák auf ihrem Pfade“.

Osiris wird sehr häufig genannt, aber Set als sein Gegner nur am 24. Pharmuti (XXII 10): „Sprich nicht aus (ṭmu) mit lauter Stimme den Namen des Set an diesem Tage, wo der Feind ausführte seine That (n árt sbá ḥér árt ḥér átef cet.) an dem Vater[1] Unnofer (d. i. Osiris)“.

Weit wichtiger sind dagegen die Angaben über den Kampf des Horus und Set und ihre schliessliche Versöhnung.

Die Legende des 26. Thoth (II 6 ff) lautet:

„Thue gar nichts an diesem Tage. An diesem Tage war der Kampf, den Horus und Set mit einander führten. Siehe es schlug der eine den andern. Sie standen auf ihren Sohlen, als zwei Menschen. Da verwandelten sie sich in zwei Bären (?; nach Brugsch Hornvieh) ......[2] die Herren der Kampfstadt (χéru im 19. nomos). Siehe sie brachten drei Tage

[1] Das Pronomen fehlt, wie in solchen Fällen sehr häufig. Doch ist wohl kaum zweifelhaft, dass Osiris hier direkt Sets Vater genannt wird.

[2] Die Puncte bezeichnen Lücken des Originals.

und drei Nächte zu in dieser Lage. Da liess Isis ihre Schwerter auf sie fallen. Sie fielen auf das Antlitz des Horus. Da schrie er mit lauter Stimme: „Ich bin [dein] Sohn Horus“. Isis schrie zu den Schwertern: „Lasst, lasst von [meinem] Sohne Horus!“ Sie war ..... den andern ... [die Schwerter fielen] auf das Angesicht ihres Bruders Set. Er schrie laut .... Sie rief zu den Schwertern ..... Er [rief] zu ihr mehrere Male: „Will ich nicht besänftigen den Bruder meiner[1] Mutter?“ Ihr Herz ... gar sehr. Sie rief zu den Schwertern: „Lasst, lasst, lasst los meinen älteren Bruder“. Da liessen die Schwerter von ihm. Da erhoben sie sich als zwei Menschen zurücksetzend [der eine[2]] die Worte des andern. Die Majestät des Horus [wurde zornig] gegen seine Mutter Isis wie ein Panther des Südens. Da floh sie vor ihm. Da, an diesem Tage, trat ein ein grausiger Kampf. Siehe er schnitt ab das Haupt der Isis. Ṭḥuti bildete seine Gestalt durch Zauber, er setzte es [ihr wieder] auf als Haupt einer Kuh. — Spenden ihrem (der Isis) Namen, Spenden dem Namen des Ṭḥuti an diesem Tage“.[3]

Dieser höchst interessante Bericht findet sich bekanntlich auch bei Plutarch (de Is. 19): τὴν μὲν οὖν μάχην [Ὥρου καὶ Τυφῶνος] ἐπὶ πολλὰς ἡμέρας γενέσθαι, καὶ κρατῆσαι τὸν Ὧρον, τὸν Τυφῶνα δὲ τὴν Ἶσιν δεδεμένον παραλαβοῦσαν οὐκ ἀνελεῖν, ἀλλὰ καὶ λῦσαι καὶ μεθεῖναι· τὸν δὲ Ὧρον οὐ μετρίως ἐνεγκεῖν, ἀλλ᾽ ἐπιβαλόντα τῇ μητρὶ τὰς χεῖρας ἀποσπάσαι τῆς κεφαλῆς τὸ βασίλειον, Ἑρμῆν δὲ περιθεῖναι βούκρανον αὐτῇ κράνος. Und nachher (cp. 20) sagt er, er habe übergangen τὸν Ἴσιδος ἀποκεφαλισμόν, dessen spätere Abschwächung er eben mitgetheilt hat.

Der (gebirgige) Horizont, aus dem die Sonne hervortritt, wurde von den Aegyptern auch als Kuh dargestellt, welche die Sonne gebiert, die oft genug als Stier erscheint (so in dem Epithet

---

[1] s. Chabas l. c. p. 30. [2] d. h. nicht berücksichtigend.

[3] Mit solchen Angaben über die an den betr. Tagen zu veranstaltenden Opfer schliessen die meisten Legenden unseres Papyrus.

des Horus und Mentu) qá neχt „der kräftige Stier“, in der Auffassung des Osiris als Stier, namentlich in Mendes (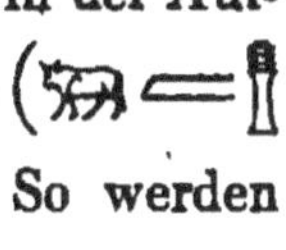), in den Gestalten des Åmon und Xem). So werden Hathor und Isis,[1] die Sonnenmütter, als Kühe oder Frauen mit Hörnern, zwischen denen der Sonnendiskus emporsteigt, dargestellt, so findet sich Tb. 27, 29, Aeg. Mon. III 25[2] die Kuh Méḥ úrt „das grosse Wasserbassin“ d. i. der Himmel, als Gebärerin der Sonne.[3] Später verstand man die zu Grunde liegende Anschauung nicht mehr, und bildete daher die Sage, Horus habe im Zorn der Isis den Kopf abgeschlagen, und Ṭḫuti, der hier, wie immer, das Uebel wieder gutmacht, habe ihr statt dessen einen Kuhkopf gegeben.

Im alten Mythus wurde Set, der Dämon der Finsterniss, zwar tagtäglich von den Lichtgöttern besiegt, getödtet, vernichtet; aber doch trat er immer wieder aufs neue hervor, befehdete und schädigte sie wieder. Als die ursprüngliche Bedeutung des Mythus sich aus dem Bewusstsein verlor, konnte man sich nicht dabei beruhigen, dass Set definitiv erschlagen sei, etwa wie nach indischer Vorstellung Ahi-Vṛtra von Indra; denn Set galt als Herrscher alles Bösen und Schrecklichen, als Herrscher des Auslandes, der Feinde und des Meeres: er musste also noch leben. Dies führte zu der Vorstellung von einer Aussöhnung zwischen beiden Göttern, die auch Plutarch andeutet, wenn er sagt (de Is. 55): Ὁ Ὧρος . . . ., οὐκ ἀνῃρηκὼς τὸν Τυφῶνα παντάπασιν, ἀλλὰ τὸ δραστήριον

[1] Dass Isis eine Himmelsgöttin ist, zeigt auch ihr Name 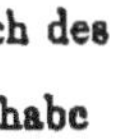 Åst, der übereinstimmend mit der hierogl. Gruppe 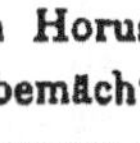 „Sitz“, nämlich des Sonnengottes, bedeutet. Wenn es daher von Horus heisst, er habe sich des Sitzes (Thrones) seines Vaters (åst tef f) bemächtigt, d. h. er sei am Himmel aufgestiegen, so ist dies von der Bezeichnung anderer Sonnengötter als qá mét f „Gemal seiner Mutter“, nicht sehr verschieden.

[2] Tb. 145, 6 heisst sie Åmúrt, Erzeugerin des Osiris.

[3] Vgl. auch die verwandten Amulette , das Bild des Horizontes, und die Hörner mit der Sonnenscheibe, so aeg. Mon. II 672. 673.

καὶ ἰσχυρὸν αὐτοῦ παρῃρημένος. Einen ausführlicheren und authentischen Bericht haben wir nun gleichfalls in unserem Papyrus, am 27. Athyr (IX 4 ff):

„Verhandlungen (áput' 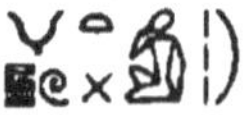) des Horus mit Set. Beilegung des schrecklichen (χénenu) Kampfes .... des Grausens (neŝennu). Versöhnung (ḥétepu') der Herren (néb'). Es war die Welt in Frieden. Ganz Aegypten wurde gegeben dem Horus, alles Ausland (ṭeŝert) dem Set." Und vom folgenden Tage (28. Athyr) heisst es: „Die Götter sind in Jubel aus Freude über das was vorgefallen ist im Hause des Horus, des Sohnes der Isis".

Bekanntlich bedeutet Qém, der Name Aegyptens, eigentlich das „schwarze". Im Gegensatz dazu steht Ṭeŝert, das „rothe", das man theils als Phönicien und Syrien, theils, so Chabas, als Wüste gefasst hat. Vielleicht ist ein Ausdruck wie „Ausland" am passendsten.[1] Vgl. Abydos XXX c, wo Horus zu Setī I. sagt: „Du ergreifst die Kronen des Rā, du beherrschest (ḥéq) Qém und Ṭeŝert". Auf der Bentreŝtstele heisst Zl. 2 Ramses XII. „König von Qem, Herrscher (ḥèq) der Ṭeŝert', ein Fürst, der die 9 Fremdvölker bezwingt".

Es schliesst sich hier gleich an der zweite Theil der Legende vom 29. Athyr:

„Dann gab er (Rā, der Herr des Himmels) die weisse Krone von Oberägypten dem Horus, die rothe von Unterägypten dem Set. Die Herzen aller Götter sind beruhigt über sie an diesem Tage".

Diese Angabe steht im Widerspruch mit der vorigen, nach der Horus ganz Aegypten (Qém má qétnu sen) erhielt. Wir werden indessen später sehen, dass in Folge der Herrschaft der Hyksos Set in den ersten Jahrhunderten des Neuen Reiches als Schutzherr von Unterägypten galt, während doch andererseits Horus der eigentliche Nationalgott ganz Aegyp-

---

[1] Uebrigens scheint ṭeŝert hier mit , dem Determ. einer festen Begränzung, determinirt zu sein.

tens war. Ueberdies wirkt hier entschieden der Gleichlaut von Ṭešert, das Ausland, und ṭešert, die rothe Krone Unterägyptens, mit.

---

§. 4.

Set und Horus.

Wenngleich Horus der Besieger des Set war und keine Kraft der seinen gleichkam, so war doch auch Set ein mächtiger Gegner, der immer wieder auf dem Kampfplatze erschien und Schrecken und Furcht einjagte. So konnte alle Macht, die unbeschränkte Gewalt und Herrschaft nur durch eine Vereinigung des Horus und des Set ausgedrückt werden. Diese finden wir denn auch nicht selten in dem angegebenen Sinne, und diesen Fällen haben wir uns jetzt zuzuwenden.

Schon im alten Reiche, in der 4. Dynastie, finden wir den König bezeichnet als  Horus und Set, freilich nur selten. Die Mutter des Prinzen Xāf χufu wird als  Ḥér Sét máat „den Horus und Set sehend“ bezeichnet,[1] ebenso die Gemahlin des Chāfrā auf ihrer Grabinschrift zweimal.[2] De Rougé meint, hierdurch werde der König als Herr von Ober- und Unterägypten bezeichnet; es wäre dies also eine Variante von  u. s. w. Indessen sprechen die stärksten Gründe dagegen. Set erscheint allerdings, wie wir schon gesehen haben, im neuen Reich als Schutzherr Unterägyptens; allein dies geht sicher auf die Herrschaft der Hyksos über das letztere zurück, während für das alte Reich kein Weg vorläge, diese Rolle des Set zu erklären. Einen besonderen Cult hatte Set in Unterägypten nur in den östlichen Theilen des Delta, die hier nicht in

---

[1] de Rougé, mon. des six prem. dyn. p. 264.

[2] ib. p. 276 f.

Betracht kommen können, und wurde ausserdem — nach Mariette — auch in Memphis verehrt. Die Hauptsitze seines Cultus dagegen, das Fayum und Ombos, lagen in Oberägypten. Ferner findet sich niemals im A. R. eine Anspielung auf seine Herrschaft über Unterägypten, ja er spielt hier gar keine irgendwie hervortretende Rolle, wie man es bei dieser Stellung doch erwarten müsste. Ausserdem wäre gerade hier eine Bezeichnung wie „seine Majestät sehend“, aber nicht der officielle Titel „König von Ober- und Unterägypten“ am Platze. Dazu kommt nun, dass der König im alten Reiche wie später sehr häufig einfach als  Horus bezeichnet wird. Dies kann ihn unmöglich als „König von Oberägypten“ bezeichnen, also nur einen Theil seines Herrschergebiets nennen, den andern übergehn. Hier ist nur die Auffassung möglich, dass er mit Horus identificirt wird, wie er ja auch der Sohn und die Incarnation des Rā ist. Zum Ueberfluss finden wir nun häufig  Ḥér f máat „seinen Horus sehend“ von Königinnen gesagt. Es kann daher keinem Zweifel unterliegen, dass der König durch  als Incarnation beider Gottheiten, als so mächtig wie beide zusammen, d. h. als allmächtig hingestellt wird. Vielleicht wird dabei auch an die freundliche, gnädige, und die feindliche, vernichtende Seite der königlichen Macht gedacht.

Diesen Ausdruck finden wir nun auch auf dem Sarkophag des Ȧpȧānχu[1] aus der memphitischen, und dem des Ȧntef[2] aus der thebanischen Zeit des A. R. Nachdem die wichtigsten Glieder als im Schutze des Tum stehend aufgezählt sind, heisst es ā̆nχ k m Ȧnep pu ī nek ȧat' (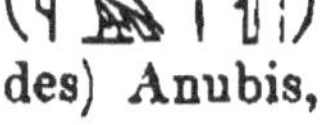) Ḥér Sét „Du lebst nämlich durch (im Schutze des) Anubis, es kommen dir die Würden des Horus und Set“. Hierdurch wird offenbar bezeichnet, dass der Verstorbene nach dem Tode

[1] L. D. II 96, Zl. 4. [2] L. D. II 145a, 39f.

König werden werde, wie sich häufig ähnliche Ausdrücke im Tb. finden z. B. 80,6: „ich ergreife die Krone (ŭrert)"; 92,3: „ich bin Horus der Rächer seines Vaters; er führt (ȧn nef) die Krone (ŭrert) auf seinem Haupt"; 136,14 „er (der Todte) verkehrt mit den Königen Ober- und Unterägyptens (suteni' séχtti')".

Im neuen Reiche wird der König nicht mehr durch , sondern durch  bezeichnet. Dies hat man für eine Variante von  néb χā', „Herr der Diademe von Oberäg. (dargestellt durch dessen Schutzgöttin Mut-Neben oder Nebχet ) und Unterägypten (dargestellt durch , das Symbol seiner Schutzgöttin ŭtit)" gehalten. Diese Ansicht wird durch eine Variante , die sich Brugsch Rec. 48,b an Stelle von  ib. 50,b8 findet, bestätigt, welche zeigt, dass die Aegypter in jener Zeit jedenfalls bei Horus an Oberägypten, bei Set an Unterägypten dachten. Ganz falsch ist daher die Ansicht von Pleyte[1], Horus sei der Schutzherr des Nordens, Set der des Südens. Dies begründet sich auf die Bezeichnung des ombischen Set als „Herr des Südlandes", néb tá qemā', die indessen nichts beweist (s. u.). Dagegen bemerkt schon Lepsius (l. c.), dass in allen derartigen Verbindungen der Süden dem Norden vorangeht, und überdies haben wir eine unten zu besprechende Darstellung, in der Set dem König die rothe Krone Unterägyptens, Horus die weisse Oberägyptens gibt — eine Darstellung, die Pleyte (l. c.) ganz unbegründeter Weise für fehlerhaft hielt.

Indessen kann dem Ursprunge nach auch  nicht die Bedeutung: „Herr von O. und U. ägypten" gehabt haben,

[1] Ztschr. 1865, 55. Auch Brugsch, Hist. d'Eg.[2] 12 stellt dieselbe auf.

sondern muss, mit Chabas,[1] ebenso erklärt werden, wie das  des A. R., als Vereinigung der Macht und Stärke beider Götter. Dies geht schon daraus hervor, dass unsere Gruppe nie als Variante von  in dem officiellen Titel der Könige erscheint. Dagegen ist sie fast immer mit neχt, die Macht, Stärke, und peseš (), das nur die Bedeutung „Schutz, sich schützend ausbreiten, beschirmen" (daher öfter mit dem Flügel determinirt) haben kann, verbunden. Das  néb in der Gruppe kann daher nicht „Herr" bedeuten, sondern muss, wenn es überhaupt einen Sinn hat, als „gesammt, alle" gefasst werden. Ich habe für unsre Gruppe folgende Stellen bemerkt:

L. D. III 5a, Zl. 2, wo Thutmes I heisst: „König der beiden Länder, der beherrschen will die Sonnenwende (šént n âten), die nördliche und die südliche, mit seiner Hand[2]  ....." Das folgende gehört nicht hierher. Unsere immerhin schwierige Gruppe kann doch kaum anders übersetzt werden, als wie folgt: pesešt' Ḥér Sét (néb?) „aller Schutz des Horus und Set", und sámt táti „Vereiniger der beiden Länder".

Deutlicher ist die Stelle aus Brugsch's Recueil, wo es 50,b8 heisst (48,6 enthält dieselben Worte, abgesehen von der Variante, bis neχt'): 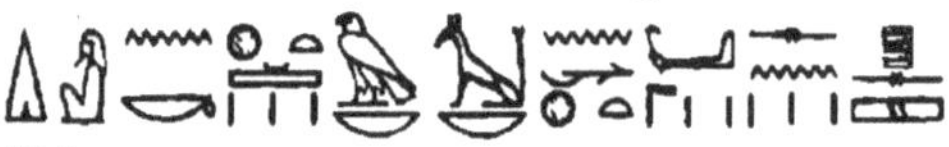 ) ṭú â nek χet' Ḥér Sét (néb)

[1] Chabas, les inscriptions des mines d'or 1862, p. 17.

[2]  m rè ṭéṭ. Oder ob „mit Hand und Mund"? Vgl. die unten angeführte Stelle Br. Rec. 45c.

[3]  findet sich auch hinter  L. D. 195a in dem gewöhnlichen Titel Ramses II.

[4]  k ist wohl für  néb des Textes zu lesen.

néχt' sen peseš' néterui áru m peseš' k „ich gebe dir (der Gott spricht zu Ramses II) die Dinge (den Besitz, die Macht) des Horus und Set alle (?), ihre Stärke, den Schutz (Schirm) der beiden Götter gemacht als dein Schutz". Unzweifelhaft kann sich der Dual néterui hier nur auf Horus und Set beziehen, also bezeichnet die Gruppe  die beiden Götter selbst.

L. D. III 196,9 heisst es von Ramses II: „er ergreift () die Königsherrschaft des Rā, er fasst (šép) die Kronen des Tum, die Uräusschlange des Herrn des Universums (néb r tér) ist an seinem Haupte, aller Schmuck des Horus und Set (); es vereinigen seine Glieder ihre Macht, ihren Schutz in ihm (ṭém ḥā' f neχt' sen peseš' (so zu lesen!) sen χer f), er erobert (ḥaq) den Süden und Norden, den Westen und Osten".

Endlich heisst es in der Stele von Kuban[1] Zl. 3: „Gegeben ist seinen (Ramses' II.) Gliedern ein Farbenglanz wie die Kraft des Mentu. [Er ist] Horus und Set. Jubel war im Himmel am Tage, an dem er geboren ward". Hier findet sich  ganz isolirt; denn eine andere Construction ist kaum denkbar.

Da man den Namen des Set auch in den Zeiten seiner Verehrung doch immer nur mit Scheu aussprach, ist es erklärlich, dass man die behandelte Gruppe nicht allzuhäufig findet. Mehrfach wird dann auch in ihr Horus dem Set substituirt, so dass wir  erhalten. In einer Inschrift Seti I. zu Karnak (Br. Rec. 45c), wo er mit Set und Bär verglichen wird, heisst es  „die Stärke des Doppelhorus (die Schreibung weist auf eine

[1] Bei Chabas l. c.

Beziehung der beiden Horus auf die Nilseiten hin) ist in seiner Hand". Ganz analog den eben behandelten Stellen sagt Rá Ḥér m áχuti zu Ramses II[1] 
 „ich gebe dir die Stärke des Horus und Horus, ihren Schutz (peseš') in Leben und Macht". L. D. III 246a sagt eine Göttin zum König: „Ich gebe dir die (Herrscher-)Zeit des Rā, die Jahre des Tum, den Schutz des Horus und Horus in Leben und Macht (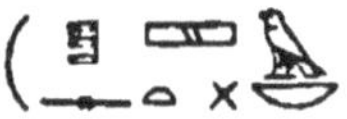
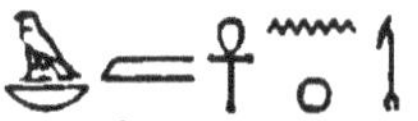 peseš̌t Ḥér Ḥér (néb) m ānχ ū's), die Stärke (úser') des Shu und der Tafnut", und 246c gibt Tum ihm „die Königsherrschaft des Rā, die Würde des Tum, die Stärke des Doppelhorus () in Leben und Macht".

Die Beziehungen des Königthums zu Horus und Set finden wir auch sonst vielfach ausgedrückt. So wird in Abydos (ed. Mariette pl. XXXVIa) dem gewöhnlichen Titel Setī I' „Horus der kräftige Stier, glänzend in Theben, Beleber der beiden Länder" hinzugefügt:  „auf dem Throne des Horus [und] dem Sitze des Set". Bei Wilkinson[2] erscheint der König (Ramses II.) zwischen Horus und Set, die die Hände schützend an seine Kronen legen. Jener gibt ihm die Zeitdauer des Rā und die Jahre des Tum, während Set sagt: „Fest steht Dir die Krone auf Deinem Haupte wie [Deinem] Vater Ȧmon Rā". In Abydos (XXXc) ist in einer ähnlichen Scene dem Set, wie hier gewöhnlich, Ṭhuti substituirt. In Karnak erscheint Ṭhutmes II. vor Amon Rā zwischen Ḥorḥuț auf der einen Seite und Set auf der andern. Letzterer wird als: [der ombische] Herr des Südlandes, Herr des Himmels, der Zauberkräftige (ūr ḥeqá'), der Sohn der Nut, der grossmächtige (āá péḥti) in Sesu, be-

[1] L. D. III 166.

[2] Manners and customs, sec. series. Suppl. plates, 78.

zeichnet.[1] Aehnlich steht König Ḥor m ḥeb L. D. III 122a zwischen Horus und dem ombischen Set, als dessen „leiblicher, geliebter Sohn“ er bezeichnet wird. Sonst enthalten die sehr zerstörten Legenden nichts wichtiges. Ebendaselbst unterrichtet Set (, von Ombos) den König Ṭutmes III. im Bogenschiessen, Horus (, von Apollinopolis) im Gebrauche der Lanze.[2] Im Chunsutempel zu Karnak kniet ein späterer Ramesside auf einem Schemel in der Form des Zeichens sám „vereinigen“, der von den Nord- und Südblumen umrankt ist, die von Horus und Set mit gleichfalls in solche auslaufenden Stricken zusammengebunden werden. Die Legende ist leider sehr zerstört. Horus sagt: „. . . o Ramses, ich vereinige (sám) Dir die beiden Länder (Ober- und Unterägypten), ich fessele (uāf) Dir die 9 Fremdvölker“. Und Set „der Ombische, der Herr des Südlandes, der grosse Gott“ spricht „zu seinem geliebten Sohne Ramses: „ich vereinige Dir die Länder in . . . . .“.[3] Eine ähnliche Darstellung findet sich in Abydos XXXIa, wo aber wieder Ṭḥuti an Sets Stelle tritt. — Das Gegenstück zu dieser Scene ist die unendlich häufige Bezeichnung des Horus, des ägyptischen Nationalgottes, als „Vereiniger der beiden Länder (sám táti)“, d. i. Hersteller der Reichseinheit.

Bei diesen Scenen, die alle aus den ersten Dynastien des N. R. stammen, mag die durch die Hyksos bewirkte Auffassung des Set als König des Nordlandes mitgewirkt haben. Diese finden wir ausser in der besprochenen Stelle des pap. Sallier IV. und in der Gruppe , deutlich ausgesprochen in einer Darstellung im Chunsutempel zu Karnak aus der 21. Dynastie.[4] Hier finden wir den Amonspriester König Ḥérḥór mit beiden Kronen, Scepter und Geissel, sitzend zwischen der Südgöttin Nebχet und der Nordgöttin Ūáit.

[1] L. D. III 33, g.
[2] L. D. III 36b.
[3] L. D. III 222c.
[4] L. D. III 246b.

Neben jener steht Horus Sohn der Isis, der zum Könige sagt: „Ich festige Dir die Südkrone (ḥeṫ die weisse) auf Deinem Haupte wie Deinem Vater Rā, ich gebe Furcht vor Dir unter die Völker alle; ihre Grossen fallen vor Dir (n bá k). Ich fessele (uāf) Dir die ganze Welt; Du strahlst (χā) auf dem Sitze des Horus". Set dagegen steht neben der Nordgöttin. Er heisst „Nubti, der Ombische, Herr des Südlandes, geliebt von Rā, der Schutzherr der Länder ()", ist aber der Verleiher der Nordkrone. Ihm sind die Worte in den Mund gelegt: „Ich festige die Nordkrone (ṭešert, die rothe) auf Deinem Haupte, Dir während (sá) die Schmuckzeichen (χaker') Deines Vaters Rā. Ich vermehre (sqá) die Ehrfurcht vor Dir in allen Ländern, die Furcht vor Dir sitzt (rer, wörtlich: „kreist") in ihren Herzen". — Man sieht hier also deutlich, dass die Bezeichnung „Herr des Südlandes" nichts mit einer angeblichen Schutzherrschaft über Oberägypten zu thun hat; sie erklärt sich aus dem Localcultus des Set in Ombos (s. p. 44).

Dass indessen die Auffassung von Horus und Set als Inbegriff aller Macht eine alte ist — sie hat auch zu einer Vereinigung beider zu einem Gotte mit Horus (Sperber)- und Set-kopfe geführt, der  der „Doppelköpfige" heisst — zeigt eine mehrfach wiederholte Darstellung, die Reinigungsscene, die mit den politischen Verhältnissen in keiner Beziehung steht. Es wird in derselben der König oder der Verstorbene dadurch gereinigt (ȧb). dass aus dem Kruge  Wasser über ihn ausgegossen wird, das meist in einer aus den Zeichen  oder  gebildeten Kette besteht. L. D. III 65d. führen Horus und Ṭḥuti diese Reinigung an Amenhotep III. aus. Die Legende lautet „viermal zu sprechen: rein, rein [bist Du] König Amenhotep III; [wenn] Du rein bist, bin ich rein (ȧb k ȧb ȧ)". L. D. III. 238a. vollziehen dieselben Götter den Ritus an einem Ramses, und hier wird dem Ḥorḥuṭ die Legende in den Mund gelegt: „wenn Du rein bist, ist Horus rein; wenn Du rein bist,

ist Set rein; wenn Set rein ist, bist Du rein (åb k åb Ḥér åb k åb Sét åb Sét åb k)." Hier finden wir also wieder Horus und Set zusammen. Neben Ṭḥuti steht als von ihm gesprochen: „wenn Du rein bist, ist Ṭḥuti rein". In Abydos (pl. XXII), wo Horus, des Osiris Sohn, das Wasser ausgiesst, fällt Set wieder gänzlich fort; die Legende ist: „wenn Du rein bist, ist Horus rein, und umgekehrt (ϑés rér); wenn Du rein bist, ist Ṭḥuti rein, und umgekehrt".[1] Endlich zu Karnak, L. D. III 124, giessen Horus und Set (der ombische) das Lebenswasser über Setī I., den Set als „seinen ihn liebenden Sohn" anredet. Neben dem König steht: „wenn Du rein bist, bin ich rein, wenn ich rein bin, bist Du rein, König Setī I.". Set sagt: „Du wirst gereinigt mit Leben und Macht (), verjüngt wie Dein Vater Rā; Du durchlebst Zeitperioden wie Tum" u. s. w., und ähnlich sind die Worte des Horus.

Dieselbe Scene finden wir nun auch bei Todten, so aeg. monum. te Leyden III 21, wo ein Priester über den in Mumiengestalt dargestellten Rā méri, hinter dem Anubis steht, die Spende ausgiesst. In dem Texte heisst es: „rein ist Horus, rein bist Du; rein ist Set, rein bist Du; rein ist Ṭḥuti, rein bist Du"; also alle drei Götter erscheinen hier zusammen. — In dem begleitenden Texte findet sich auch zweimal die Gruppe , in welchem Zusammenhange, ist mir leider nicht klar. Jedenfalls wird auch hieraus deutlich, dass sie sich ihrem Ursprunge nach nicht auf die Königsherrschaft beziehen kann.

Schliesslich finden wir eine ähnliche Wendung auch im Todtenbuche, 17,84:  tūr Ḥér néter Sét ϑés rér „es reinigt [den Todten] Horus, es ver-

[1] Ebendas. XXVIb reinigt Ṭḥuti den König Setī I. Die Legende ist dieselbe wie oben, nur fehlt der Schluss. — In der Ptolemäerzeit tritt in allen oben behandelten Verbindungen Ṭḥuti an die Stelle des Set, z. B. L. D. IV, 2c. 71 u. a.

ewigt (vergöttlicht) [ihn] Set, und umgekehrt". Auch hier stehn die beiden Gegner friedlich nebeneinander.

Alle diese Stellen beweisen indessen nichts für eine eigentliche Verehrung des Set, und noch weniger berechtigen sie zu der Annahme, Set sei in diesen Fällen als ein gutes Wesen aufgefasst worden. Sie beweisen nur, dass er als mächtig und gewaltig angesehen wurde. Im Gegentheil aber zeigt der Umstand, dass man sich mehrfach scheute seinen Namen auszusprechen und nur seine Beinamen setzte, dass man gleichzeitig mit den andern Monumenten ihn in der Osirisstadt Abydos durch Ṭḥuti ersetzte, dass man in derselben Zeit mehrfach Horus für ihn substituirte, deutlich genug, dass er auch hier ein böses und dem Grunde nach verabscheutes Wesen war.

---

§. 5.

Set als böser Dämon.

Dass, übereinstimmend mit den Berichten der Griechen, Set im Allgemeinen den Aegyptern, vor allem der grossen Masse des Volkes als böses Wesen galt, zeigen die Denkmäler vielfach. Alles Böse, Verderbliche, Verhasste wird in der Schrift mit dem Zeichen  determinirt. Set ist der Gott, dem das Meer, das Ausland, die Wüste angehört[1]; ihm eignen die verderblichen und verabscheuten Thiere, das Krokodil, das Nilpferd, der Esel. Sein Geburtstag galt als Unglückstag[2], und in dem Buche von den fünf Epagomenen[3] heisst es beim dritten: „Geburtstag des Set, des schrecklichen, der Befehle gibt dem Götterkreise. Man sagt an ihm: „O Set,

---

[1] Dass auch das Eisen für typhonisch galt, berichtet Plut. de Is. 62, und ist von Devéria in Mélanges d'archéol. égypt. et assyr. I 1873, p. 4, 8 aus einem Papyrus des Louvre belegt. [2] Plut. de Is. 12.

[3] pap. Leid. I 346, übersetzt von Chabas, calendrier des jours fastes et néfastes p. 104 ff.

Herr des Lebens, an der Spitze der Barke des Rā (s. u.), schütze mich vor jedem schlechten Worte in diesem Jahr!"

Als Ausgangspunkt alles Bösen finden wir Set nun auch in den Zauberpapyris, so im papyrus magique Harris, übersetzt von Chabas. IX 96 (p. 120) ist von dem feindlichen Krokodil Māḳaī die Rede, das „Sohn des Set" heisst; und III 9 (p. 58) werden die Göttinnen Ānatà und Āstártà, welche als böse Wesen gelten, als „Geschöpfe des Set" bezeichnet. Im Anhang (p. 177) theilt Chabas die Uebersetzung von zwei Zauberrollen mit, auf denen es heisst: „Soutekh, aspic, reptile méchant, dont le venin est brûlant, qui viens t'emparer de la lumière du dieu dont le nom est caché et qui demeure dans Thèbes, cède, reste à la place!" und: „Soutekh, auteur des fléaux, aspic mortel . . . . . arrière Set, n'approche pas des membres divins!" Es wird ihm dann Tod und Vernichtung angedroht.

Als böser Dämon, als welcher er mehrfach als Flamme aufgefasst zu sein scheint, worauf die Schreibung  hinweist, erscheint er nun auch im Todtenbuche in der Rolle des Verfolgers der Seelen. Wie schon bemerkt wurde, ist es für den Verstorbenen nothwendig, dass er weiss, dass er die Zauberformeln kennt, dass er sich als identisch mit der Gottheit erkennt. Sonst fällt er den bösen Dämonen und dem neuen Tode anheim. Moralische Anschauungen treten hierbei nur sehr selten hervor; hier wie überall entwickelt sich der Gegensatz von gut und böse erst allmählich aus dem von Licht und Finsterniss, von freundlich und feindlich. Die Anforderung eines sündlosen Lebens und eines Ausweises über dasselbe wird eigentlich nur in dem bekannten 125. Kapitel vom Todtengerichte gestellt, und auch dies ist voll genug von Dämonologie und Zauberformeln. Sonst tritt das, was wir Moral nennen, stark zurück, und die sebáu' (Bösen), χeft' n Rā oder n Āsár (Feinde des Rā oder Osiris), die mésu' beṭeš' (Rebellen), sámi' Sét (Genossen, Rotte des

Set) u. s. w. sind immer mehr Feinde des Lichts und Anstreber der Vernichtung desselben, als eigentlich moralisch böse Wesen.

Die Rolle der Vernichtung der Unwissenden und Frevler nun wird meistens Dämonen zugetheilt, die oft Diener der guten Götter, des Osiris, Rā und Tum, sind, wie die Thorwächter des elysäischen Gefildes Ȧanrú, die die Feinde des Osiris tödten und zum Theil bei Nacht umgehn (z. B. 125, 51. 146 p). Eine sehr umfangreiche Liste solcher Dämonen gibt der zweite Theil von cap. 17.

Manchmal aber erscheint auch Set, Suti als Verfolger der Seelen, steht also gewissermassen im Dienste der guten Götter — wie der Teufel im Christenthum und Māra im Buddhismus. So wird 17, 73 (L. ä. T. IV 54 f.) Osiris angerufen: „Schütze mich vor jenem Gotte, der die Seelen packt, die Eingeweide verschlingt und von Leichen lebt". Der älteste Commentator erklärt: „Dies ist Set", während ein späterer sagt: „Der Vernichter ist Horus, Sohn des Seb", diese Rolle also dem Ḥór ūr zuschreibt. — Ueber den Urtheilsspruch der Mendesier, welcher dem Set gestattete „die Seelen seiner (des Osiris?) Feinde zu vernichten", ist schon oben gesprochen worden. Im cap. 90, wo ein Dämon, der „die Köpfe abtrennt und die Kehlen abschneidet" angerufen wird, heisst es Zl. 4: „Es sagt Isis, wenn Du kommst auszureissen (uṭ) die Sprache (seχau) aus dem Munde des Osiris: „In Dir (?áb k) ist Suti, sein Feind". 96, 1 u. 2 sagt der Todte: „Ich beruhige (sḥétep) den Ṭḥuti oder auch Suten". Die letztere Lesart ist wie immer die ältere. 135, 4 heisst es: „Wer dies Kapitel weiss, der ist wie Ṭḥuti, und die Lebenden erweisen ihm Verehrung; nicht fällt er zur Zeit (at) des Suten, der Flamme (šemem) der Bast; er gelangt (suťá) zu hohem, schönem Greisenalter", und 163, 18: „nicht stirbt er durch den Hieb des Suten".

Dass Set allgemein verhasst war, spricht sich auch im Opfercultus aus. Tb. 112, 6 sagt Horus: „Es sollen bestehen

die Opfer für die Götter aus seinen (des Set) Rindern, Ziegen (?) und Schweinen ().
Dies waren ja die Thiere, in die Set sich bei seinem Angriff auf das Utaauge (des Horus) und im Kampfe gegen Osiris und Horus verwandelt hatte. Bestätigt wird die Angabe durch Plut. de Is. 31, wo angegeben wird, man habe nur die rothhaarigen Rinder geopfert, weil diese die Farbe des Typhon trugen; diese seien dann mit dem bekannten, einen gefesselten Mann mit einem Messer an der Kehle darstellenden Siegel gestempelt worden, von dem noch jetzt Exemplare erhalten sind.[1] Ferner opferte und verzehrte man beim Vollmond ein Schwein (Plut. de Is. 8). An diesem Tage hatte ja der Angriff des Set auf Horus in Gestalt eines Ebers stattgefunden; man glaubte dem Lichtgotte beizustehen, wenn man das Thier, welches als Incarnation seines Gegners gefasst wurde, auch auf Erden vernichtete — wie wilde Völker bei Sonnen- und Mondfinsternissen den kämpfenden Gott durch Geschrei und blutige Opfer unterstützen und stärken zu können glauben.

---

§. 6.

Der Setcultus und seine Hauptsitze.

Wie wir schon gesehen haben, galt Set den Aegyptern trotz aller Niederlagen stets für ein mächtiges und gefährliches Wesen. Wie dies zu seiner Gleichstellung mit Horus führte, wie ähnliche Anschauungen zu einem Krokodilscultus (Gott Sebak ) führten und der verderbenschwangeren Uräusschlange () als Symbol der Macht einen Platz an der Krone der Könige und Götter, an der Spitze der

---

[1] s. Ebers Ae. B. M. 246. Zu dem Opfer der typhonischen Thiere vgl. Lefébure p. 55 ff.

Sonnenscheibe verschafften und sie zum Zeichen aller Göttinnen machten, so entwickelte sich auch ein Setcultus, dessen locale Sitze wir jetzt aufzählen wollen.

Am wichtigsten ist Ombos ( Nubt) im ersten oberägyptischen Nomos, dem nubischen. Als sein Localgott wird Set sehr häufig in den Denkmälern genannt. Er heisst dann  (Br. Rec. 64, 4) »Set in Ombos«,  (ib. 45 c, 6) »der von Ombos«, , oder mit Weglassung des Set einfach  »der ombische«. Ohne das Städtedeterminativ würde letztres »der Goldene« heissen, und diese Bedeutung muss es haben in dem Namen des bekannten Hyksoskönigs  núbti, nach dessen Aera eine tanitische Stele zählt. Denn hier kann an das oberägyptische Ombos nicht gedacht sein. Als »goldener«, ein sonst dem Horus () zustehendes Attribut, wird er wahrscheinlich in Folge seiner Beziehung zur Sonne bezeichnet (s. u.). — Als Herr von Ombos führt er gewöhnlich den Titel  oder  »Herr des Südlandes«. Dies bezeichnet ihn nur als Herrn der südlichen Länder im allgemeinen, namentlich des angrenzenden nubischen, ebenso wie die in diesen Gegenden verehrten Göttinnen Ānqt und Sétet 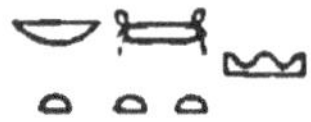 nébt sétet, »Herrinn des Fremdlandes«[1],

[1] Dass hier und sonst häufig , 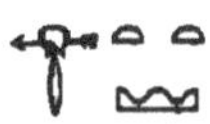 sétet sich auf die südlichen Nachbarländer Aegyptens bezieht, hat Dümichen im Texte zu seinen „Geogr. Inschr." p. 45 ff nachgewiesen. Eben so häufig aber bezeichnet es die östlichen, asiatischen Landschaften: ich verweise ausser auf das Dekret von Canopus nur auf Zl. 15 der Inschrift des Āāḥmés. Es wird daher das „Fremdland" im allgemeinen bezeichnen, wahrscheinlich im Zusammenhang mit der Wurzel set „niedrig" als das elende (χas) „unterworfene". Daher wird setet mit dem Zeichen  geschrieben, das vielleicht einen Schemel darstellt.

heissen, und bezieht sich nicht etwa auf Oberägypten.[1] Der Name  ... »Set von Ombos, Herr [des Südlandes]« findet sich schon in dem Todtentexte L. D. II 99 b, Zl. 24 in leider ganz zerstörtem Zusammenhange.[2]

In Theben wurde Set mehrfach verehrt. Pleyte theilt eine aus Theben stammende Grabinschrift mit, auf der der Verstorbene heisst: »der dem Osiris ergebene Schreiber des Tempels des Set () Néfermènnu máāχrú«.[3] Die auf den Setkultus sich beziehenden Darstellungen aus dem N. R. stammen meist aus Theben, und L. D. III 233 heisst es »der Ombische, der Herr der Kraft (péḥti), der Herr von Theben«. Die von Lieblein in seinem »Namenlexikon« (pg. 532) aufgeführten Namen, welche unsern Gott enthalten, scheinen fast alle Thebanern anzugehören, so  Set no. 311. 587. 680. 818 aus der 12 und 18 Dynastie, wie es scheint auch Suti  no. 524, der Frauenname Sét més no. 489, u. a. Auch die neunzehnte Dynastie, die zwei Könige Setī, einen Prinzen Sét ḥér χépš f (»Set in seiner Kraft«, L. D. III 214), einen andern Sét m uȧ (ib. 183) aufweist, war ja eine thebanische.

Mehrfach wird ein Set néb  Seses? genannt, Herr eines Ortes, der sonst nicht bekannt ist. So L. D. III 33, g. III 35 a heisst der Gott »der Ombische, der zauberkräftige (úr ḥeqá'), in (χént) Seses, der Herr des Südlandes«. Auch III 214 e. f. wird der ombische Set neben dem von Seses aufgeführt.

---

[1] Durch das Attribut 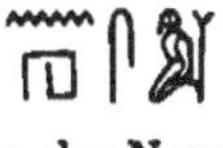 nehes wird Set nicht, wie Lepsius annahm, als Neger oder Herr der Neger bezeichnet, da diese 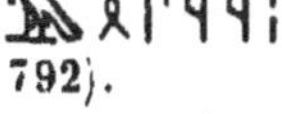 néḥesī' heissen, sondern als „Rebell“ (s. Brugsch, Lex. p. 792).

[2] Auch die übrigen Stellen dieses Sarkophags, in denen Set  vorkommt (II 98, 13. 15. 99 a) habe ich nicht verstehn können.

[3] Lettre pl. II no. 4, aus Prisse, monum. pl. 27, fig. 1.

In Edfu findet sich der Götterkreis des Steinbruchs Ḥér mént im Sw. der Stadt Apollinopolis aufgeführt, dessen vier letzte Glieder sind: Set  von  Út (?), Set von  Nasénnut, Set von  Únt, Set in (m)  dem Nomos Mért.[1] Der erste Ort ist sonst unbekannt, den zweiten identificirt Brugsch Geogr. I. 243 wohl kaum richtig mit Šénu bei Memphis; Únnu ist ein Name von Hermopolis, aus dem mir von einem Setkultus sonst nichts bekannt ist; der Nomos Meru endlich ist der uns bereits aus der Horussage von Edfu bekannte Hauptschauplatz des Kampfes zwischen Horus und Set, mit der Zwillingsstadt Pérreḥuḥ und der Kampfstadt (Pér)χérat. Dass hier ein Hauptsitz des Setkultus war, geht aus dem angeführten Berichte deutlich hervor. Ueberdies erwähnt Naville l. c. pg. 19 eine unedirte Grabstele in Bulaq, die aus dem A. R. stamme, und auf der von einem diesem Nomos angehörigen Priester des Set die Rede sei. — Als Hauptsitz des Set wird dieser Nomos daher in den meist mit dem Osiriskult in Verbindung stehenden Nomoslisten gewöhnlich übergangen oder nur kurz behandelt.[2]

Man hielt nun den Nomos Meru gewöhnlich für den Arsinoites der Alten, oder die Landschaft des Mörissees, das Fayûm, mit der Hauptstadt Krokodilopolis oder Arsinoe, in der die Krokodile heilig gehalten wurden (Her. II 69). Neuerdings hat indessen Brugsch[3] für diese Gegend den Namen Tá šet, Seeland, für Krokodilopolis den pér Sebàk nachgewiesen, und behauptet, Mért oder Méru sei nicht das Fayûm, sondern der Nomos Oxyrynchites. Aus dem von ihm gegebenen Material scheint mir die Nothwendigkeit, die früher auch von ihm aufgestellte Ansicht aufzugeben, noch

[1] Dümichen Tempelinschr. I 9, vgl. Brugsch Geogr. I. 167.

[2] Brugsch, geflügelte Sonnenscheibe, Abh. Gött. Ges. 1869, 194.

[3] Zeitschr. 1872, p. 89 ff.

nicht zu folgen; doch hat er einen weiteren Nachweis in Aussicht gestellt.

In Unterägypten[1] findet sich der Setkultus ausser im östlichen Delta nur in Memphis; wenigstens behauptet Mariette[2], dass aus einer meines Wissens bisher nicht publicirten Inschrift eines Grabes in Saqqarah hervorgehe, dass Suteχ  seit der fünften Dynastie in Memphis einen Tempel hatte. Dagegen waren Tanis und Avaris (Pelusium) zwei Hauptsitze des Setkultus. Nach letzterer, der Hyksosstadt, heist Set häufig , Herr von Ḥát uārt, Avaris. In Tanis hatte er einen grossen Tempel. Zahlreiche auf seinen Kult bezügliche Stelen sind 1862 von Mariette dort ausgegraben; doch ist noch verhältnissmässig wenig publicirt, und die Benutzung des Materials steht nur den Begünstigten offen.

Das nordöstliche Delta war, wie Ebers nachgewiesen hat, seit uralter Zeit von einer kana'anäischen Bevölkerung bewohnt oder wenigstens mit solcher gemischt. Mit ihrem Hauptgotte nun, dem בעל Ba'al, wurde Set identificirt, wie dies ja ganz natürlich ist, da Set Herr des Feindlichen und darum auch des Auslandes war. Auf diesem Wege kam ,  Bār, Bāru (בער) in die ägyptische Religion, und wurde ein vollständiges Synonymum von Set; so heisst es noch im Horustext von Edfu (pl. IV) von einem der dem Horus beistehenden Genien Qáχu: »Ich zerschneide die Eingeweide des Bār  in Ḥut, ich packe die Herzen deiner Feinde«. — Andrerseits ist aber auch diese Identifi-

---

[1] In Oberägypten findet sich Set noch im Zeichen des XI. oberägyptischen Nomos  u. a., der nach J. de Rougé (Revue Archéologique N. S. XXII 1870/1, pg. 1 ff.) der Hypselites der Alten ist. Doch beweist diese Hieroglyphe nichts für einen dortigen Setcultus, wie Pleyte Lettre 40 anzunehmen scheint.

[2] Rev. arch. N. S. V 1862, p. 303.

cirung von bedeutendem Einflusse auf die ägyptische Anschauung von Set gewesen, wie wir weiter unten sehen werden.

Wie nun die Vorstellung von der Macht des Set zu localen Kulten desselben führte, verursachte sie auch, dass man sich ihrer zum Schutze zu bedienen suchte; man machte sich ihn geneigt und benutzte ihn zu seinem Vortheil. Ebensowenig wie andere Völker haben die Aegypter das Bündniss, ja die Identificirung mit dem Teufel gescheut, wenn es nur Nutzen zu bringen schien.

So findet sich in einer Zauberformel des pap. magique Harris (VII 6, pg. 110 Chabas): »Ich bin Sutey«, und ähnliche Wendungen sind nicht selten im Todtenbuche. So identificirt sich der Todte im cp. 32, welches die Formeln angiebt, durch welche die Krokodile der vier Weltgegenden abgewehrt worden, der Reihe nach mit Set (Zl. 3), Osiris (Zl. 4), Sothis (Zl. 5) und Tum (Zl. 7)[1], um sie dadurch zurückzuschrecken. Von den Gliedern des Todten steht nach 42, 8 Bauch und Rückgrat im Schutze des Set, dem ein anderer den Ṭḥuti substituirt.[2] Tb. 108, 7 heisst es »Ich bin der Zauberkräftige, der Sohn der Nut«, also Set. 80, 5 finden wir: »ich verbinde mich (sám ná) mit Suti (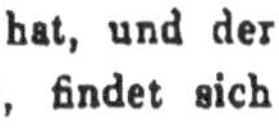)

---

[1] Herr Professor Ebers macht mich darauf aufmerksam, dass fast genau dieselbe Göttergruppe sich noch in christlichen Zeiten in Zauberformeln findet. In dem ersten griechischen Zauberpapyrus von Berlin, den Parthey Abh. Berl. Ak. phil.-hist. Cl. 1865, p. 109 ff. edirt hat, und der frühestens aus dem 4. Jahrhundert n. Chr. stammt (p. 139), findet sich Zl. 250 ff. als sehr wirksame Zauberformel, um sich unsichtbar zu machen, angeführt: ανοκ ανουπ ανοκ ουσιρ φρη ανοκω σωθ (ich bin Anubis, ich bin Osiris pa Rā [die Sonne], ich bin Sothis) σωρων ουιερ ανοκ πε ουσιρε πεντα σηт ταχο αναστηθι δαιμων καταχθονιε etc.

[2] Im Turiner Papyrus steht  Bauch und Rückgrat im Schutze des Set,  der Rücken in dem der Seχet; im Leidener (aeg. mon. III col. 29, Zl. 14 und 17—19) ist es umgekehrt, ebenso in dem von Lieblein Denkm. von St. Petersburg VIII 26 veröffentlich-

in den oberen Wohnungen, um zu altern (áau) mit ihm«. Am interessantsten ist cap 44, »vom nicht wieder Sterben in der Unterwelt«. Hier finden sich zuerst gewöhnliche Formeln, wie (Zl. 2): »Es ist mein Antlitz geöffnet, mein Herz an seinem Platz v. l. in seiner Vase, ich weiss dass ich Rā bin, der sich selbst setzt (māk su ṭesef); nicht vergehe (χem) ich, nicht werde ich verfolgt (āūa-ϑá)«. Dann aber folgt: »Es lebt dir dein Vater, der Sohn der Nut (d. i. Set). Ich bin dein Sohn, grossmächtiger (ūr péḥtet)! Ich sehe deine Geheimnisse, glänzend erscheine ich (χā) als König, nicht sterbe ich aufs Neue (m ném) in der Unterwelt«. Nun folgt offenbar ein späterer Zusatz: »Abscheu im Westreiche (mésṭ χént ȧment determinirt mit ) ist deutlich gesprochen (ṭem) sein Name«. Diese Bemerkung, die z. B. im Leid. Papyrus (mon. III, col. 31, Zl. 3) fehlt, ist sehr interessant und offenbar erst von einem Redacteur des Todtenbuchs, der merkwürdiger Weise dieses Kapitel mit aufnahm, hinzugefügt. Sonst ist in der Stelle, die offenbar von Setverehrern herrührt, bemerkenswerth, dass hier, wie so häufig auf den Denkmälern der 19. und 20. Dynastie, der Name Set vermieden und er nur als „Sohn der Nut" bezeichnet wird.

§. 7.

Set im Göttersystem.

Während Set in den eben betrachteten Stellen wegen seiner gefährlichen Macht und Stärke verehrt wurde, finden wir ihn auf einer grossen Zahl von Denkmälern angerufen als ein Mitglied des Götterkreises (páut néter').

ten Texte, wo wahrscheinlich zu lesen ist 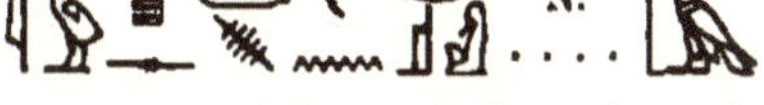 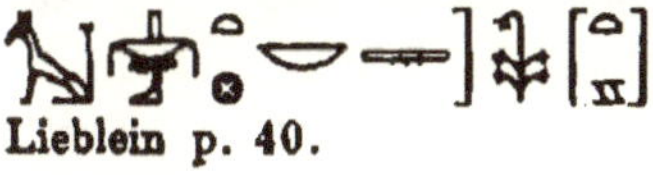. Dass etwas ausgefallen sei, bemerkt auch Lieblein p. 40.

Es ist leicht erklärlich, dass Set mit den Göttern, die er befehdete, in ein verwandtschaftliches Verhältniss gebracht ward, dass die Macht der Finsterniss aufgefasst wurde als Bruder des Lichtes. Wie wir ihn oben schon als Bruder des Horus kennen gelernt haben, so galt er auch für den des Osiris, und da der Götterkreis sich an diesen anschloss und Horus in ihm als sein Sohn galt, wurde Set in denselben als Bruder des Osiris aufgenommen.[1] Er war dann der Sohn des Erdgottes Seb (als solchen finde ich ihn bezeichnet pap. Sall. IV. am 29. Mechir) und des Himmelsoceans Nut. Sohn der Nut wird er, wie schon erwähnt, sehr häufig genannt.[2] Auch hier hatte er den Horus zum Bruder, insofern auch dieser häufig als Sohn des Seb (Tb. 17, 74) und der Nut gefasst wurde: im Systeme wurde dieser Horus von dem Sohne des Osiris durch das Epitheton „der ältere", Ḥérūr (Ἀρούερις), unterschieden, und galt als geboren am zweiten der Epagomenen, während Osiris Geburt auf den ersten, Sets auf den dritten angesetzt wurde. Indessen in den Götterkreis war derselbe nicht aufgenommen: erst später wurde er einige Male an Sets Stelle gesetzt.

In dieser Stellung erhielt Set nun auch eine Gemahlin, die , Nébt ḥát (Nephthys), eine Göttin, die sonst immer als Schwester der Isis und des Osiris erscheint, klagend um Osiris Tod, und nach Plutarch mit diesem den Anubis erzeugend. Dagegen erscheint sie nie als feindliche Göttin, und ist dem Set, zu dem sie sonst gar nicht passt, offenbar nur als Gemahlin beigegeben worden, damit das System vollständig werde. — Beide Götter erscheinen übrigens mehrfach zusammen. So finden sich beide neben einander

---

[1] Als Sohn des Osiris Unnefer erschien Set oben im pap. Sall. IV.

[2] Für den Sohn der Isis, der Horusmutter, konnte Set nicht gelten, da diese vollkommen den Charakter einer guten Göttin trug. Nut dagegen, obwohl auch Mutter des Lichts, ist indifferenter und unpersönlicher: männlich gefasst, als Nun, ist sie die Urmaterie und „Vater aller Götter".

dargestellt in einer Gruppe des Louvre[1] aus der Zeit Ramses II. An ihrer Rückseite liest man: „Gabe an Set, den Gott in Theben und im Südland“, „Gabe an Set den sehr mächtigen, an der Spitze der Barke des Rā (s. u.)“ und „Gabe an Nephthys in Únnus“. Thutmes III steht L. D. III 34c zwischen „dem Ombischen, dem grossen Gott, dem Herrn des Himmels“, und Nephthys, die den gewöhnlichen Titel aller Göttinnen: „die Herrin des Himmels, Fürstin der Götter“ trägt. Eine ähnliche Darstellung findet sich L. D. III 35e.

Im Götterkreise erscheint Set nun als Gemahl der Nephthys zwischen Osiris und Isis und Horus und Hathor. So in dem aus dem A. R. erhaltenen auf dem Altare aus Pepi's Zeit (6. Dynastie) in Turin; so auch in den so häufigen Darstellungen der páut néter' aus der 18. 19. und 20. Dynastie, namentlich in Theben.[2] Anstatt weiterer Belege genügt es auf Lepsius Abhandlung über den ersten ägyptischen Götterkreis zu verweisen. Nur „in dem Todtenkulte trat Set erklärlicher Weise mehr zurück. Daher fehlt er in den Götterlisten der Königsgräber; im Reiche des unteren Osiris hatte er keine Macht. Daraus scheint die merkwürdige Erscheinung herzuleiten, dass die Könige Sethos I. und II. und Setneχt in ihren eigenen Gräbern mit verändertem Namen erscheinen. Statt der Figur des Set ist fast überall die des Osiris . . . . . gesetzt.[3] Der König war selbst Osiris geworden, das schien sich mit dem von Set hergenommenen Namen nicht zu vertragen“.[4]

Als indess Set verfolgt wurde, behauptete er sich auch im Götterkreise nicht. Sein Name wurde hier, wie überall, ausgekratzt, oder in Ṭhuti verwandelt.[5] Leer konnte

[1] bei Pleyte, Lettre pl. I. II.

[2] Auch in einer Götterliste des Tb. 140, 6 erscheint Suti zwischen Osiris und Horus, sowie nachher Nephthys zwischen Isis und Hathor.

[3] z. B. L. D. III 134. 136 in Setī I. Grabe, wo der Name  Ásári geschrieben ist.

[4] Lepsius l. c. 207.

[5] L. D. III 37, 3 aus Medīnet Hābu.

seine Stelle nicht bleiben, eine Lücke in der Götterreihe durfte nicht eintreten. So setzte man denn entweder Ṭhuti oder Ḥór ūr an seine Stelle, als Gemahl der Nephthys. Von zwölf Fällen tritt „in fünf Thoth an die Stelle des Set, und in zweien derselben wird er auffallender Weise vor Osiris gesetzt. . . . . . In fünf andern Fällen wird Set dagegen durch den älteren Horus oder Harueris vertreten. . . . . . In einem Falle ist hinter den beiden Horus auch Thoth noch hinzugefügt.“[1] In einem Beispiel endlich aus Philae tritt der dortige Localgott Chnum nebst der Satet an Sets Stelle, und Nephthys wird zwischen Horus und Hathor eingeschoben (Osiris, Isis, Chnum, Satet, Ḥor, Hathor, Nebthat).

§. 8.

Set als Sonnengott.

Bis hierher glaube ich in der Lage gewesen zu sein die ägyptischen Anschauungen von Set auf eine einheitliche Auffassung, als lichtfeindliches, verderbendes, aber mächtiges Wesen, zurückführen zu können. Nun finden wir aber einige Epitheta des Set, die sich mit derselben nicht vertragen. Sie sind zwar verhältnissmässig selten, so dass man sie nicht mit Pleyte, Lettre 56ff., als Ausgangspunct der ägyptischen Anschauungen auffassen kann:[2] aber doch sind sie bedeutend genug, um auf den ersten Blick unserer Ansicht entgegentreten zu können.

Im Leidener Papyrus I 346, der von den Epagomenen handelt, hiess Set „Herr des Lebens, an der Spitze der Barke des Rā (m ḥāt n uá n Rá)“; denselben Beinamen führt er in der Set und Nephthys darstellenden Gruppe des Louvre (Pleyte Lettre pl. 2). Ein Sohn Ramses' II. heisst 

[1] Lepsius l. c. p. 183.

[2] Pleyte hat seine Ansicht kurz vertheidigt in der Broschüre: Set dans la barque du soleil, wo die hierhergehörigen Beispiele zusammengestellt sind.

 „Set in der Barke". Eine Darstellung auf einem Sarkophag in Paris zeigt denn auch die über die erschlagene Āpepschlange hinfahrende Barke des Rā Ḥor m aχuti (Tum Cheperȧ) gezogen von zwei Schakalen und zwei Thieren in der Gestalt des Set.[1] Eine Stele in Leiden zeigt den Gott  „Nubt [-Set] den grossen Gott" in Menschengestalt, wie er mit einer Lanze eine grosse Schlange mit Menschenkopf und Händen ersticht. Darüber befinden sich Sonne und Mond, darunter die Legende: „Anbetung dem Rā, Prosternation (sen tá) dem Set von Ta'kinana", dem daneben knienden Verehrer.[2] Ebendaselbst findet sich ein Scarabäus, der  „den goldenen (oder ombischen) Set" darstellt, die Doppelkrone auf dem Haupte, eine Schlange, der ein Messer im Halse steckt, erwürgend.[3] Ferner heisst Set „von Rā geliebt (méri Rā)" L. D. III 246 b und auf der Leidener Setstatue.[4]

Wir sehen also, dass hier Set als Sonnengott gefasst wird, dass er mit Rā in enger Beziehung steht, dass er wie dieser die feindliche Schlange (Āpep) vernichtet. Dazu stimmt nun sein schon oben besprochener Beiname „der goldene (nébti)". Nun wissen wir zwar, dass die Aegypter sich den Set auch als Flamme dachten, indem diese das verzehrende, vernichtende repräsentirt. Aber von da bis zu einem Sonnengotte ist ein weiter Schritt, zumal bei Set, der ja ursprünglich das Gegentheil des Lichtes ist.

Die Schwierigkeit wird indessen gelöst durch die Stele aus Tanis, welche durch die Aera des Königs Nubti bekannt ist.[5] Hier finden wir nämlich den Set angerufen als „Set, Sohn der Nut, grossmächtiger in der Barke der Millionen,[6]

[1] Pleyte, Set dans la barque, pl. no 1.
[2] Pleyte, Religion pl. II. [3] Pleyte, Lettre, pl. III 13.
[4] Pleyte, Rel. pl. III und Aeg. mon. Bd. I.
[5] Behandelt von Chabas Ztschr. 1865, 29 ff.
[6] Aehnlich wird die Sonnenbarke mehrfach bezeichnet, so Düm. Resul-

der du fällst den Feind an der Spitze der Barke des Rā, mächtig brüllender (áa hemhem) . . . .“. Wir sehen hieraus, dass diese Auffassung des Set in Tanis heimisch war. Hier aber haben wir kana'anäischen Einfluss kennen gelernt; hier war Ba'al adoptirt und mit Set (Suteχ) identificirt; hier dürfen wir also eine Uebertragung von Eigenschaften des Ba'al auf letzteren annehmen. Nun war aber Ba'al ein Sonnengott, und in Folge dessen würde alles, was oben von Set gesagt ist, auf ihn passen.

Wir können also annehmen, dass die Auffassung des Set als Sonnengott aus seiner Identificirung mit Ba'al hervorgegangen ist und von Tanis und Avaris aus nach dem übrigen Aegypten sich verbreitet hat.

---

§. 9.

Set als Gott der Hyksos und Kana'anäer.

Es bleibt uns jetzt noch übrig, die Geschichte des Setkultus zu verfolgen, seine Adoption durch die Hyksos, seine Verehrung durch die Könige der ersten drei Dynastien des neuen Reichs und schliesslich seine Verfolgung und ihre Gründe zu besprechen.

Die neuerdings mehrfach ausgesprochene Behauptung, Set sei im alten Reiche hoch verehrt worden, lässt sich durch die Denkmäler nicht stützen. Er erscheint hier in Localculten (in Memphis und am Moerissee) in der Verbindung , im Götterkreise auf dem Turiner Altare, und sonst in Todtentexten ganz in derselben Weise wie später. Beispiele von Verehrung durch die Könige nach Art der ersten

tate XXII: „Du (Ḥatḥor) schweifst (useχ) 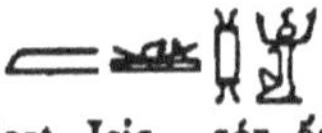 in der Barke der Unzähligen (Millionen)“. Aehnlich heisst Isis „sér ást m uá n ḥéḥ „ehrwürdigen Sitzes in der Barke der Unzähligen“ auf Philae L. D. III 285 b.

Dynastien des neuen Reiches finden wir nicht; sie mag allerdings vorgekommen sein, geht aber in ihrer grösseren Ausdehnung jedenfalls nicht über die Hyksoszeit hinaus.

Als die Hyksos nach Aegypten kamen, erhoben sie den Set zu ihrem Hauptgotte. Sie hatten bisher den Ba'al verehrt, der wahrscheinlich längst vor ihrer Zeit im Delta mit Suteχ identificirt war; in diesem ägyptischen Gotte erkannten sie daher naturgemäss den heimischen wieder.

Dass nun Set-Suteχ der Gott der Hyksos war, geht hervor aus der berühmten Stelle des pap. Sallier I., welche von den Hyksos handelt.[1] Hier heisst es: „Und der König Åpepī (einer der letzten Hyksoskönige, unter dem ihre Vertreibung begann) erwählte (år) sich den Gott Suteχ zum Herren, und er diente keinem anderen Gott, welcher in Aegypten war. Er erbaute dem Suteχ einen Tempel in schöner langdauernder Arbeit da, wo sich befindet das ..... Königs Åpepī. (Und wann) er erschien, um ein Fest zu feiern und um zu opfern in dem Tempel des Suteχ, da trug der König Kränze, gleichwie man zu thun pflegt (bei den Feiern im) Tempel des Rā Ḥor m åχuti in seiner Mitte."

Chabas[2] hat aus dieser Stelle geschlossen, erst König Åpepī habe den Suteχ adoptirt, erst durch ihn sei er zum Gott der Hyksos erhoben worden. Dies halte ich indessen für nicht gerechtfertigt. Der Papyros beginnt seine Geschichte mit König Åpepī und erzählt von diesem, dass er den im eigentlichen Aegypten verhassten Set zu seinem alleinigen Gotte erhoben habe. Dass er sich hierbei des Ausdrucks „er macht sich den Suteχ zu seinem Herren" bedient, ist dem einfach erzählenden Tone des Dokuments ganz angemessen; aber daraus folgt noch lange nicht, dass er der e r s t e seines Stammes war, der den Suteχ überhaupt verehrte. Dass nun Suteχ bereits vor Åpepī der Gott der Hyksos war, lässt sich

---

[1] Uebersetzt bei Ebers Ae. B. M. 205.

[2] Les pasteurs en Égypte. Amsterdam 1868, p. 35.

leicht zeigen. Der Hyksoskönig, nach dessen Zeit die 400 Jahr nach ihm geschriebene Stele aus Tanis datirt ist,[1] heisst 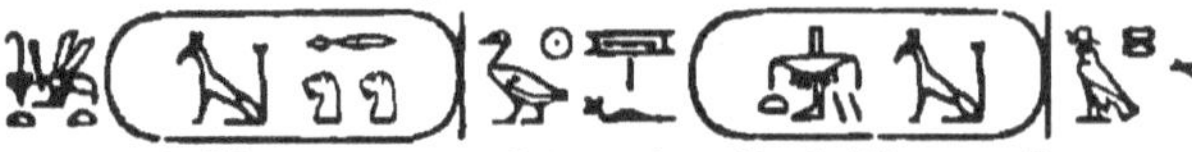 „König von O. und U.-ägypten Sét āá péḥti (Suteχ der grossmächtige) der geliebte Sohn des Rā, der Sonne, Nubti (der goldene Suteχ) geliebt von Rā Ḥor m āχuti". Einer der ersten Hyksoskönige wird auf einer Statue aus Tell Mokdam bei Tanis genannt:  „der gute Gott, der Stern der Welt, der Sohn des Rā, Suteχ [Shala-]ti, geliebt von [Set] dem Herrn von Avaris (Pelusium)".[2] Diese Namen und Titulaturen zeigen übrigens, dass Suteχ von den Hyksos, wenn auch vorwiegend, so doch nicht ausschliesslich verehrt wurde; wenigstens der altägyptische Sonnengott Rā, auch Rā Harmachis, behauptet nach wie vor seine Stelle. Dies lehrt auch der erste Name des Ápepī selbst: 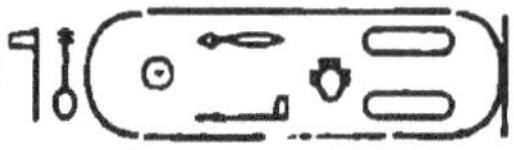 der gute Gott Rā āā áb tàiī „Rā ist gross in der Welt".[3] Ein Denkmal des Suteχkultus des letzteren Königs ist noch die nachträglich auf eine Statue des Königs Mer mènfīt' (Rā sménχ qá) der 13. Dynastie eingegrabene Inschrift: „vom Suteχ des guten Gottes Ápepī dem Lebengebenden geliebt".[4] — Dass in Folge dieser Verehrung durch die Hyksos dem Set die Rolle eines Schutzgottes des von ihnen beherrschten Unterägyptens zuertheilt wurde, haben wir bereits oben gesehen.

Es war natürlich, dass die Aegypter nach der Vertreibung der Hyksos fortfuhren, den Hauptgott der Kana'anäer, den Ba'al, mit Suteχ zu identificiren. Unter den vielen Bei-

---

[1] s. Ztschr. 1865, p. 35.

[2] Devéria, Rev. archéol. N. S. IV 1861, p. 259. Ebers, Ae. B. M. 202.

[3] Mariette, Rev. archéol. N. S. V 1862, p. 298. de Rougé ib. 305.

[4] Mariette, Rev. archéol. N. S. III 1861, p. 102. Burton, excerpt. hierogl., pl. XL no 7.

spielen bietet das instructivste der Friedensvertrag zwischen Ramses II. und dem Chetiterkönige Chetasar.[1] Hier erscheint Zl. 8 Rā als Hauptgott Aegyptens,  Suteχ als Hauptgott der Xetá, und in Zl. 27ff., wo die Hauptgötter der einzelnen chetitischen Städte angerufen werden, heissen sie gleichfalls alle Suteχ. Andere Beispiele, in denen Suteχ und Bāru (Baʿal) in Beziehung zu den Kanaʿanäern stehen, werden wir unten kennen lernen.

Durch die Herrschaft der Hyksos und die Beziehungen der Folgezeit zu den kanaanäischen Völkerschaften sind mehrere kanaʿanäische Gottheiten nach Aegypten gekommen, denen wir auf den Denkmälern der ersten Dynastien des N. R. mehrfach begegnen, so der Gewittergott Rešpu, die weiblichen Gottheiten Astarte und Anat (die mit Anaitis Anâhita nichts zu thun hat), Qeṭeš und Baaltis. Auch diese werden natürlich mit Set in Beziehung gesetzt. So heisst Ramses II. auf einem Obelisk aus Tanis:[2] „kräftigen Muthes (áb) im Kampfe, Mentu im Vernichten, der Held (māher[3]) der Ānϑá (ʿAnat), Stier des Set". Dem Volke galten diese Gottheiten als böse Dämonen. So heisst es im pap. mag. Harris (etwa 20. Dynastie) III 7f. (Chabas p. 55) in einer Beschwörung an das Wasser: „Verschliesst seinen Ausgang .....

[1] Brugsch Rec. pl. 28. L. D. III 146.

[2] Burton excerpta hierogl. pl. 39. Die richtige Lesung 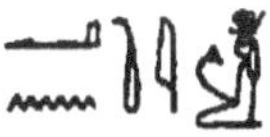 hat de Rougé hergestellt (bei de Vogüé mél. d'arch. or.).

[3] Hier haben wir das im pap. Anastasi I so häufige, von Chabas (voyage) unübersetzt gelassene Wort , das nach dieser Stelle sicher — wie schon Brugsch es auffasste — „junger Held" bedeuten muss. Es findet sich noch L. D. III 196, 12, wo Ramses II. heisst ...... 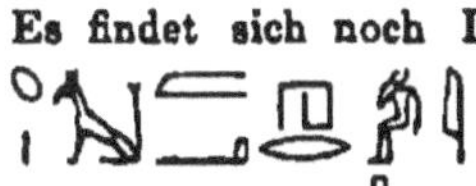 . . . „Sohn (?) der Set, Held des . . . . ." Ferner in dem Namen 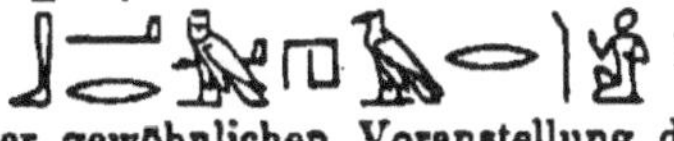 Bār māhar, d. i. Meherbal מהרבעל, mit der gewöhnlichen Voranstellung des Gottesnamens, bei Lieblein, dict. des noms no. 986 aus dem pap. judiciaire (II 2. V 3. 6.).

wie verschlossen (versiegelt) ist die Schneide des Schwertes der ʿAnat und der Astarte, der grossen Göttinnen, die empfangen und nicht gebären; sie sind verschlossen von den Göttern (), gegründet (senti) auf (gezeugt von) Set". Dagegen erscheint in Edfu (Naville Horustext XIII 4) Astarte „die Herrin der Rosse und des Wagens" in Gestalt der löwenköpfigen Seχet an der Seite des Rā.

---

§ 10.

Der Setkultus der ersten Dynastien des neuen Reichs.

Als der Gott, welcher den Hyksos die Macht gab, als der Herr des (kanaʿanäischen) Auslandes, welcher, wenn er ihnen geneigt ist, dieses den ägyptischen Königen unterwerfen, sie im Kampfe gegen dasselbe mit seiner Macht unterstützen kann, als solcher wird nun Set oder Suteχ von den Königen der 18. 19. und 20. Dynastie häufig und hoch geehrt. Sehr oft finden wir hier den König mit Suteχ verglichen im Kampfe gegen die fremden Völker; er wird als sein geliebter Sohn bezeichnet. Von Ramses II heisst es z. B. in dem bekannten Gedicht des Pentaūr, das seinen Kampf gegen die Cheta beschreibt: »Da metzelte ich unter ihnen (den Feinden) und schlachtete sie an ihrem Platze. Da rief der eine zum andern: Es ist kein Mensch, der in ihm ist; es ist Suteχ der grossmächtige, der Sohn der Nut; Bār ist in seinen Gliedern«.[1] Ebendaselbst heisst es vom Könige: »Ich war wie Bār hinter ihnen«[2] oder: »Du bist Suteχ-Bār«.[3]

---

[1] Brugsch, Rec. 29, 9 = Pap. Sallier III 4, 8 f.
[2] Br. Rec. 31, 24.
[3] Br. Rec. 42, 46.

Ich werde nun kurz die Haupstellen für den Setkultus im N. R. aufzählen, jedoch keine vollständige Liste geben, da die Ausdrücke sich immer wiederholen und leicht ermüden würden.

L. D. III 33 g. ist Thutmes II zwischen Set von Ombos und Ḥor Ḥuṭ dargestellt, s. o.; ib. 34 c. verehrt der König Thutmes III neben anderen Göttern auch Set und Nephthys. Ebenso findet sich Set III 35 a. und b. dargestellt. Die Scene, in der Horus und Set den König im Gebrauche der Waffen unterrichten (III 36 b.), stammt gleichfalls aus Thutmes' III Zeit. III 65 d findet sich Set in der Reinigungsscene (s. o.) unter Åménḥétep III. In allen diesen Denkmälern, sowie in der auf den Denkmälern der 18. Dynastie häufigen Aufzählung des thebanischen Götterkreises hat auch Sets Name und Darstellung die Verfolgung und Verstümmelung erlitten, welche unter Åménḥétep IV (Xú n åten) alle ägyptischen Götter und ganz speciell den Amon — zu Gunsten des neuen Kultes der Sonnenscheibe Åten — betraf.

Von den folgenden Königen heisst Ḥor m ḥeb L. D. III 122 e »geliebt von Seti «, wie ebendas. »geliebt von Amon«. Setī I wird sehr häufig mit Set und Bār verglichen; so heisst er Brugsch Rec. 45, c, 6 »grossmächtig wie der Sohn der Nut« und »grosse Furcht einflössend (āá ḥérīt) wie Bār«; 46, a 1 »mächtig ist sein Gebrüll (d. h. in Furcht setzend, daher ein gewöhnliches Beiwort des Set ŭr hemhemt) wie das des Sohnes der Nut«. ib. 48, e heisst er »der gute Gott, die Sonne (Rā) Aegyptens, der Mond der 9 Fremdvölker, Mentu im Auslande (ḥér mént'); nicht kann man ihm nahen, er ist kräftigen Muthes (séχem áb) wie Bāru«. Aehnliche Bezeichnungen Ramses' II haben wir schon oben kennen gelernt. L. D. III 195 a ist in seine Titulatur eingefügt: »Mentu unter den Königen, ein Stier unter den Fürsten, grossmächtig wie sein Vater Set in Ombos«; und 196, 6 heisst er — beide Inschriften stammen aus Abusimbel —: »ein kräftiger König, Sohn des Set, geliebt von

Méntu, der Stern der Welt«. Auch im Verlaufe dieser sehr verstümmelten Inschrift wird er (Zl. 12. 16) als Sohn des Set bezeichnet. III 200 e opfert er in Silsilis dem ombischen Set, der Nephthys und dem Horus. In der Einleitung zum Vertrage mit den Cheta wird (Zl. 2) berichtet, Ramses II habe sich in der von ihm gegründeten Stadt pér-Rāméssu befunden, »und hier seinem Vater Amon Rā-Ḥer m aχuti-Tum von Heliopolis, dem Amon des Ramses II, dem Ptaḥ des Ramses II und dem Set dem grossmächtigen, dem Sohne der Nut« geopfert.

Sein Sohn Mernephtah I nennt sich auf der berliner Statue des Amenemhā III »[geliebt] von Suteχ dem mächtigen, dem guten Gotte, dem Spender von Leben, Dauer . . .[1] Auf der Statue des Usertesen in Berlin nennt er sich »geliebt vom Set des Mernephtah« und »geliebt vom Set, dem Herrn von Ḥat uār (Avaris, Pelusium)«[2], und auf einer Statue Ramses' II in Berlin nennt er sich gleichfalls »Liebling des Set, des grossmächtigen«.

Auch in der 20. Dynastie wurde der Setkultus fortgesetzt. Ramses III opfert L. D. III 210 a dem Set und der Nut, und einer seiner Söhne heisst »Set in seiner Kraft« (ib. 214). 214 d opfert er gleichfalls dem ombischen Set, der ihm seine Kraft gibt gegen jedes Land und die Zeitdauer des Rā. Einem seiner Nachfolger vereinigen Horus und Set die beiden Länder Ägyptens (222 c), ein anderer heisst »der Sohn des Set, des Herrn der Stärke, des Herrn von Theben, geliebt von den Göttern und Göttinnen« (III 233). Ramses XII heisst auf der Bentreštstele (Zl. 3). »grossmächtig wie der Sohn der Nut«.

Das letzte Beispiel einer Verehrung des Set durch die ägyptischen Könige ist wohl die oben besprochene Scene L. D. III 246 b., in der Horus und Set dem der 21. Dynastie der Amonspriester angehörigen Könige Ḥérḥór die weisse und rothe

---

[1] Brugsch Recueil pl. 2.

[2] Burton, excerpta hierogl. pl. 40. Brugsch, Geographie I 87.

Krone geben. Schliesslich ist noch eine Stelle in der Piānχi-stele zu erwähnen, in der der saitische Dynast Tafneχt dem Könige Piānχi sagt: »ich kann nicht bestehn vor deiner Flamme; denn du bist Nubti selbst, der Herr des Südens«.[1]

Wie wenig indessen dieser Setkultus die Grundanschauung von ihm änderte, zeigt deutlich der Umstand, dass man seinen Namen so häufig vermeidet, ihn nur als den »Sohn der Nut«, den »Ombischen«, den »Grossmächtigen« bezeichnet; dass ferner, wie wir schon oben sahen, in eben dieser Zeit sich  neben  findet, dass er im Osiriskult, in Abydos keine Stelle einnimmt. Set tritt uns in den hier besprochenen Monumenten entgegen als starker, mächtiger Gott, kriegerisch und schreckeneinflössend, als der Gott der im Stande ist, die unter seiner Herrschaft stehenden Völker zu unterwerfen wem er will, und den man desshalb verehrt, obwohl man ihn eigentlich verabscheut. Wie so vielfach in den religiösen Kulten ist auch hier der Eigennutz des Menschen ein Grund der Verehrung.

---

§ 11.

Verfolgung des Set.

Unter den ersten Dynastien des neuen Reichs schien Set den Erwartungen, die zu seiner Verehrung die Veranlassung gaben, zu entsprechen: die Zeiten des Thutmes III und Ramses II zeichnen sich aus durch grosse siegreiche Kämpfe, durch weitgehende Eroberungen und grossen Glanz der ägyptischen Macht. Indessen unter den späteren Ramessiden der 20. Dynastie verfiel diese mehr und mehr; die auswärtigen Eroberungen konnten nicht behauptet werden. Noch

[1] de Rougé, Rev. arch. N. S. VIII. 1863 pg. 107.

weniger rühmlich sind die folgenden Zeiten, und schliesslich mit der 23. Dynastie erlag Aegypten den Angriffen der Nachbarvölker: es wurde abwechselnd von den Aethiopen und von den Assyrern unterworfen und ausgeplündert. Die auf den Set, den Herrn des Auslandes, gestellte Hoffnung hatte sich also nicht bewährt; er hatte gezeigt, dass er auf die Dauer nicht zu gewinnen war, dass er ein Feind nicht nur der ägyptischen Götter sondern auch Aegyptens selber sei. Daher traf Hass und Verfolgung jetzt nicht nur die Feinde sondern auch ihn. Sein Bildniss wurde verstümmelt und ausgekratzt[1], sein Name ausgemeisselt. Nur an wenigen unzugänglichen Stellen ist Name und Bild der Vernichtung entronnen; von Statuen ist nur eine im leydener Museum, sowie die pariser Gruppe Set und Nephthys bis auf uns gekommen. Als mit der 26. Dynastie (Psammetich) die nationale Macht und Unabhängigkeit wieder hergestellt wurde, war Set aus der Reihe der Götter gestrichen: auf keinem Denkmale wird er mehr verehrt, auf keinem öffentlichen Monumente mehr genannt: er ist vollkommen auf seine Rolle als Teufel beschränkt.

Nur eine Spur seiner alten Stellung als mächtiger und gefürchteter Gott habe ich in später Zeit noch gefunden. In einer von Dümichen Geogr. Inschrr. II publicirten Osirisprocession aus Tentyra findet sich pl. 46, 17 ff. unter andern Göttern auch einer, von welchem ausgesagt wird: ṭéṭ ȧn āá péḥti néb Bést néter āá ḥér áb Ȧnt āá hemhem' āá ḥérit āá šéft úser ṭéṭ ḥí sebȧ »Es spricht der Grossmächtige, der Herr von Bubastis, der grosse Gott in Tentyra, der stark brüllende, der gross ist an Schrecken und Kraft, stark von Hand, der Schläger der Feinde«.

Diese Stelle bietet uns sämmtliche Epitheta des Suteχ-Set, wie wir sie auf den Denkmälern des neuen Reichs

---

[1] L. D. III 214d ist Set in Horus mit der Doppelkrone verwandelt.

kennen gelernt haben, und wir sehen also, dass dieser sich als »Grossmächtiger« noch einen Platz in der Götterliste erhalten hatte. Ob die Priester, welche diese Inschrift verfassten, noch wussten, welcher Gott denn eigentlich unter ihm zu verstehen sei, darf schwerlich in Frage gestellt werden. Es scheint sich auch der Localkultus des Set noch gehalten zu haben: wenigstens stammt die oben (pg. 46) erwähnte Inschrift von Edfu, in der im Götterkreis von Ḥér mént vier locale Formen des Set aufgezählt werden (Dümichen Tempelinschrr. I, 9), aus der Ptolemäerzeit, und in den gnostischen und magischen Schriften der späteren Epoche wird er mehrmals erwähnt.

Nachtrag.

Erst jetzt erhalte ich Mariette's Notice des principaux monuments de Boulaq, 1864, wo sich p. 259 bei Beschreibung des östlichen Tempels von Tanis folgende Stelle findet: „Dans le cours des légendes, Ramsès II, a plusieurs fois le titre d'aimé du „Set de Ramsès-Meïamoun''. Quand Osorkon (XXIIme dyn.) consomma son usurpation, il fit refaire la figure du dieu, plaça au-dessus de son dos un disque solaire, et aux oreilles carrées de l'animal symbolique substitua un autre disque. On a ainsi: „Osorkon, aimé du Set-Ra d'Osorkon'', dieu qui réunit à la fois les attributs opposés de la lumière et des ténèbres.''

Die Wichtigkeit dieser Notiz, der directen Identification des Set mit dem Sonnengotte Rā, für die in § 8 entwickelten Anschauungen brauche ich nicht erst hervorzuheben. Sie bestätigt aufs Neue, dass Tanis ihr Ausgangspunct war.

p. 5. Zu dem in seiner jetzigen Form erst später eingefügten Abschnitte über Ḥatḥor habe ich leider Dümichens „Bauurkunde'' nicht wieder einsehen können.

p. 17 hätte erwähnt werden können, dass nach dem Berichte bei Plutarch der Untergang der Sonne als Verlockung des Osiris in den von Set bereiteten Sarg gefasst wurde.

p. 32 Anm. 1 lies: L. D. II 99b, Zl. 4.

Verzeichniss der Stellen des Todtenbuches, an denen Set genannt wird.

Die mit * bezeichneten Stellen sind nicht besprochen.

9, 3.
17, 24 ff. 74. 84. 94 f.
18, 4. 22. 27.
19, 5.
23, 2.
28, 2. *6.
32, 3.
*39, 10.
42, 8.
44, 3 f.
*50, 8.
*54, 8.
60, 2.
62, 2.
73, 2.
78, 31. 34.
80, 5.
*83, 3.
86, 3.
90, 4.
*94, 2.
96, 2.
*99, 15.
108, 4. 7.
*110, 11.
111, 3.
112, 4, wo im Turiner Tb. fälschlich Anubis für Set steht, und 5, wo in demselben eine Stelle ausgefallen ist; s. Lefébure.
113, 8.
134, 6.
135, 4.
140, 6.
145, 15. 39.
149, 45.
163, 18.

Druck von Breitkopf & Härtel in Leipzig.

www.ingramcontent.com/pod-product-compliance
Lightning Source LLC
Chambersburg PA
CBHW020240090426
42735CB00010B/1779
* 9 7 8 3 7 4 3 4 4 8 4 7 6 *